PARIS SG,
CET AMOUR
QUE J'AI POUR TOI...

Photo de couverture : Roberto Ramaccia/IPP/
PRESSE SPORTS
Couverture : Laetitia Kalafat
Ouvrage dirigé par Solen Cherrier

59, quai Alphonse Le Gallo
92100 Boulogne-Billancourt
www.hugopublishing.fr

ISBN : 9791042903459 / 001
Imprimé en France sur Roto-Page
par l'Imprimerie Floch en septembre 2025
sur papier issu de forêts gérées
de manière responsable.
Dépôt légal : octobre 2025
N° d'impression : 107683

IMPRIM'VERT®

PARIS SG,
CET AMOUR QUE J'AI POUR TOI...

LUIS FERNANDEZ

AVEC PHILIPPE GRAND

Hugo Sport

CHAPITRE 1

UN JOUR PARFAIT

Il est 22 h 50 ce 31 mai 2025 à Munich et, ça y est, je ne suis plus le seul entraîneur du PSG à avoir remporté une Coupe d'Europe. Je ne suis même plus le seul Luis à l'avoir fait ! Mais ce petit clin d'œil personnel n'est rien à côté de la vague de bonheur qui m'envahit. Je n'en reviens toujours pas de ce que j'ai vu. Quelle démonstration ! Le temps passe et je peine toujours autant à m'en remettre. Vous aussi, non ? Qui aurait pu imaginer que le Paris Saint-Germain allait remporter la Ligue des champions, la première de son histoire, en pulvérisant son adversaire sur une *manita* inédite en finale ? Personne. 5-0 ? Contre l'Inter Milan ? Personne. Encore moins quelques mois plus tôt, quand Paris galérait

– quand nous galérions – au cours de la première phase de la compétition.

Cette immense victoire a été une récompense formidable pour tous ceux qui l'attendaient depuis si longtemps, en premier lieu les supporters, conquis par ce PSG ciselé par Luis Enrique. Ils se sont retrouvés pleinement dans cette équipe. Elle est telle qu'ils l'espéraient, après avoir été, pendant de longues années, les témoins impuissants de tant de discussions sur la meilleure politique à mettre en place pour devenir compétitif à l'échelon européen. Enfin, ils pouvaient s'identifier à leur club.

Consultant sur M6 ce soir-là, j'ai encore mieux mesuré l'euphorie quand je suis descendu sur la pelouse. Autour et au sein de ce PSG qui venait de créer la sensation. C'était puissant de vivre les célébrations de près même si, je l'avoue, j'ai eu peur un instant quand on a senti les supporters parisiens proches d'envahir le terrain, alors qu'il fallait ensuite procéder à la remise de la coupe.

Forcément, cette finale est devenue le match référence de l'histoire du Paris Saint-Germain. N'oublions pas qu'en face, l'Inter Milan sortait de belles prestations en demi-finales, qui lui avaient tout de même permis d'éliminer le FC Barcelone de Lamine Yamal. Et ce, en inscrivant sept buts sur les deux rencontres ! Cela donnait confiance aux Italiens et inspirait de la méfiance aux Parisiens. D'autant que l'Inter avait disputé, et perdu, contre Manchester City (0-1), une finale de Ligue des champions deux ans plus tôt. Huit joueurs avaient vécu cette rencontre, ils étaient évidemment revanchards et déterminés à ne pas perdre une nouvelle fois.

Le match s'est vite décanté. Il n'y en a pas eu, en vrai. On ne pouvait pas envisager que le PSG exploserait son adversaire de la sorte. Le coup d'envoi a signifié les intentions parisiennes d'aller presser les Interistes tout de suite dans leur camp. Luis Enrique et son staff avaient bien préparé leur affaire. On dit toujours qu'il faut avoir une bonne lecture de ce que propose l'adversaire. Et cette lecture, Paris l'a parfaitement eue.

Pour un entraîneur, la vidéo est devenue un outil incontournable dans la préparation d'une rencontre. Je l'ai vue s'installer durant ma carrière, sachant qu'elle n'existait pas quand j'ai commencé dans les années 1970. Une bonne séance peut durer de vingt à trente minutes, voire un peu plus. Le temps de bien décortiquer les forces et les faiblesses de l'équipe que l'on va affronter, de montrer de quel côté elle bascule le plus souvent et pas mal d'autres points, qui peuvent aussi concerner ses propres joueurs.

Cette finale a été magnifiée par la formidable maîtrise du PSG, avec ou sans ballon. C'est d'ailleurs un classique d'avant-match : en tant qu'entraîneur, on tient toujours un discours aux joueurs sur le jeu, avec ou sans ballon. On revoit comment ressortir la balle et trouver des passes ou des espaces entre les lignes, dans les intervalles ou par des renversements. Sans ballon, on insiste sur le pressing, chacun dans sa zone, en y allant tous ensemble. Tout cela, Paris l'a fait à la perfection contre l'Inter Milan. Dès lors, l'adversaire ne peut s'autoriser d'erreurs. Or, les Italiens en ont fait. Et les Parisiens en ont bien profité. Ce qui a été mis en place pour se donner les meilleures chances de gagner a fonctionné à merveille, tout en restant cohérent avec ce que l'on voyait du PSG depuis plusieurs mois.

C'est ce que l'on s'est dit avec Raí en observant les premières minutes de la partie, avant l'ouverture du score (12e) suivie, très vite, du deuxième but (20e). Chaque fois, Désiré Doué a été décisif, passeur pour Achraf Hakimi, puis buteur. Il a marqué un nouveau but en deuxième période. Ce qui a fait de lui, à quelques jours de ses 20 ans, le plus jeune auteur d'un doublé dans une finale de Ligue des champions, et le seul à être impliqué en tant que passeur ou buteur sur trois buts, en soixante-dix ans de finales. Sur sa passe décisive pour Hakimi, il se retrouve dans une position d'avant-centre et il sert parfaitement son coéquipier. Cette action souligne combien il a les bons déplacements sur le terrain et, plus précisément, sur tout le front de l'attaque. C'est une qualité que je lui avais vue à l'entraînement.

Avec un homme comme Luis Enrique, ni Doué ni d'autres ne pourront s'endormir sur leurs acquis. Car il n'hésite pas à titiller ses meilleurs jeunes pour continuer de les faire progresser. Assurément, l'ancien Rennais a bénéficié du savoir-faire de son entraîneur depuis son arrivée au PSG à l'été 2024.

J'AI VU L'ÉMOTION DE MARQUINHOS

Avec toute la bande de M6, on a vraiment vécu un très grand moment. J'étais en bord de terrain avec Raí, qui a été élu meilleur joueur de l'histoire du club lors de l'anniversaire des 50 ans, Youri Djorkaeff, qui n'a passé qu'une saison à Paris mais a remporté la Coupe des Coupes avec moi en 1996, et Antoine Kombouaré, qui est notamment entré dans la légende pour son but de la tête contre le Real Madrid en quart de finale de la Coupe de l'UEFA 1993. Il y avait aussi le journaliste Smaïl Bouabdellah et Ophélie

Meunier qui présentaient. Nous aussi, nous avons formé une belle équipe. Consultant sur beIN Sports, j'avais été « prêté » pour cette finale. Nous sommes partis en Allemagne la veille, le vendredi 30 mai. Jusqu'au retour, le lendemain, nous avons pleinement apprécié ce rendez-vous légendaire.

J'ai beau être un supporter du PSG, quand je suis consultant pour des chaînes comme M6 ou beIN, je dois rester dans mon rôle et éviter de sauter ou gesticuler à chaque but parisien, par respect, ici, pour la communauté italienne qui écoutait et regardait. J'ai d'ailleurs été rassuré après coup par des amis italiens : ils m'ont dit que j'étais resté pro. Il faut dire qu'en face, l'Inter Milan est un club qui inspire le respect. Il n'a pas un demi-siècle comme le PSG, il est né en 1908. Son histoire est riche et magnifique, avec ses sept finales de Coupe des champions/Ligue des champions – pour trois couronnements –, ses grands noms, joueurs et entraîneurs, qui ont garni ses rangs.

Le match, je l'ai donc vécu proche du terrain. Avec Raí à mes côtés. Nous étions placés là afin de pouvoir descendre cinq minutes avant la mi-temps, puis avant le coup de sifflet final, pour réaliser les interviews en bord de pelouse. Et notre retenue liée à notre fonction ne nous a pas empêchés de savourer l'instant. Admiratifs.

Au moment de la remise de la coupe aux grandes oreilles, j'ai vu l'émotion qui a étreint Marquinhos, invité à la brandir en sa qualité de capitaine. Ses larmes. Je les comprends. Il est arrivé très jeune – à 19 ans – au PSG en provenance de l'AS Rome et il y a vécu des moments délicats. La trop fameuse *remontada* notamment. On y reviendra...

En avril 2024, il est devenu le recordman du nombre de matchs disputés sous le maillot du Paris Saint-Germain. Il a dépassé mon ancien partenaire Jean-Marc Pilorget, 435 rencontres entre 1975 et 1989. À l'issue de la saison 2024-2025, qui s'est étirée jusqu'à la finale de la première Coupe du monde des clubs aux États-Unis, capitaine « Marqui » comptabilisait 491 matchs en douze saisons.

Quand j'observe son comportement avec les uns et les autres, je le trouve admirable. Fort mentalement. Toujours droit dans ses bottes. Humble. Avec lui, on peut échanger, il ne prend jamais personne de haut.

Son attachement au maillot en fait un homme hautement respectable. Il est représentatif du PSG et le symbole de la persévérance enfin récompensée. Lui qui a vécu tous ces passages difficiles en Ligue des champions, toutes ces déceptions, pouvait bien craquer au coup de sifflet final.

Malgré toutes les critiques qu'il a pu subir quand ça ne fonctionnait pas, et alors qu'il était injustement montré du doigt après certains revers, le Brésilien a maintenu le cap. Il s'est remis des pires moments. Est reparti de l'avant. Il est toujours là, et bien là !

Pour moi, son avenir ne devrait même pas faire l'objet d'un débat. Il faut tout faire pour que Marquinhos, qui n'a que 31 ans, reste le plus longtemps possible chez lui, à Paris. Si un jour il venait à jouer un peu moins, je suis certain qu'il ne dirait rien. Fidèle à ses valeurs.

De toute évidence, aucun des entraîneurs qu'il a eus, et il en a eus depuis le temps, n'a eu à lui faire de remarques quant à l'attitude qu'un joueur professionnel se doit d'avoir. Il incarne pleinement le professionnalisme.

Oui, bien sûr, il a eu des ratés. Et alors ? J'en ai eu aussi. Tout le monde en a eu dans sa carrière. Mais jamais Marquinhos n'a lâché ou cessé de se battre pour le PSG. Alors que les matchs européens défilaient et que le sacre prenait forme, j'ai brusquement commencé à entendre des louanges. Je n'ai pas pu m'empêcher de faire la remarque à ceux qui s'étaient montrés particulièrement durs avec lui : « Ah, vous lui faites des compliments maintenant ! C'est qu'il est bon, finalement, le petit Marqui… »

Pour moi, il est désormais le joueur le plus représentatif du Paris Saint-Germain. Le plus capé, le plus titré. C'est de surcroît l'un des plus à l'écoute des autres, jeunes ou anciens. À ses côtés, en défense centrale, l'Équatorien Willian Pacho, recruté à l'été 2024, a d'ailleurs trouvé en lui un compère idéal qui l'a bonifié.

Jamais Marquinhos ne fera table rase du passé, comme a pu le faire Zlatan Ibrahimović. Au contraire, il considère l'histoire du PSG, dont il est déjà une vraie légende.

LE DEVOIR DE NE PAS DÉCEVOIR

Durant cette finale à l'Allianz Arena, j'ai ressenti une joie pure. Mon émotion était à la fois celle d'un ancien joueur, capitaine et entraîneur du club, celle d'un passionné de football supporter du PSG, et celle d'un observateur pour les médias. En tant que consultant, je n'ai pas eu de mal à valoriser Paris et son équipe qui nous donnaient du plaisir à tous. Parce que c'est ce que j'aime avant tout dans le foot : rendre le public heureux. N'oublions pas que nous, les acteurs de ce sport, avons la chance d'avoir de bien meilleures conditions de vie que les supporters qui paient pour nous voir nous produire. Il faut y penser. Moi, en tout cas, j'y suis sensible.

J'ai toujours eu une belle relation avec les supporters, à Paris comme dans les autres clubs où je suis passé. Ils donnent une force supplémentaire. Quand on voit un stade plein et que l'on ressent cette attente, on a le devoir de ne pas décevoir. Notre mission est d'apporter du bonheur et de l'émotion. La défaite est acceptable, bien sûr, à condition d'avoir donné le maximum. Prenez le huitième de finale aller contre Liverpool au Parc des Princes (0-1) : les joueurs ont perdu mais ils avaient tout donné et le public le savait. Ils ont été applaudis. Moi-même, en tribunes, je les ai applaudis. J'avais apprécié leur prestation et leur état d'esprit. C'était porteur d'espoir.

Rencontrer des supporters constitue souvent de très bons moments. Une minorité te siffle. La majorité te respecte. Y compris à Marseille, malgré la rivalité. Les supporters sont même contents de te voir parce que tu as eu une carrière, que tu as porté le maillot de l'équipe de France et que ça compte. Bien sûr, je me suis fait chambrer. Et alors ? Ce n'est pas méchant, ça fait partie de l'ambiance. Aujourd'hui encore, quand je me retrouve dans un stade, je peux aller au contact des gens. Je parle avec eux, je me fais prendre en photo. Il m'est même arrivé d'aller en tribunes chanter avec les supporters du PSG. Ils sont d'autant plus heureux qu'ils connaissent la passion que j'ai pour ce club. Leur club, notre club. À la fin du match contre l'Inter, j'ai partagé avec eux autant que j'ai pu ce triomphe qui a exorcisé les démons passés et toutes ces désillusions successives.

Pourtant, ce 5-0 n'est ni une revanche sur la *remontada*, ni sur tout autre résultat contraire aux ambitions du club, ni sur un passé contrarié. Non, ce chef-d'œuvre est celui du travail et de l'adhésion collective à un projet conduit par Luis Enrique qui n'a pas bougé d'un iota dans l'application de sa méthode, du premier au dernier jour d'une saison incroyable.

D'ailleurs, l'autre pan de la réussite du Paris Saint-Germain en 2025, c'est d'avoir pu fédérer la majorité des fans de football. Avant cette saison, il y avait, au doigt mouillé, en France, 25 % des amoureux du foot qui supportaient le PSG. Désormais, ils sont beaucoup plus nombreux, peut-être les trois quarts. Car cette équipe parisienne a porté très haut l'idée que l'on peut se faire du football, en termes d'intensité, d'intelligence et de qualité technique. Des joueurs qui donnent tout, sans se comporter en vedette.

Ce dernier point est la résultante des choix qui ont été faits ces deux dernières années par la direction du club en laissant partir Lionel Messi et Neymar en 2023. Un an avant que Kylian Mbappé s'en aille à son tour. Cette politique sportive qui repose sur un collectif aux dépens des stars est, je pense, déjà devenue source d'inspiration pour bon nombre d'entraîneurs en Europe. J'espère en tout cas que cela va inciter les techniciens à loger tout le monde à la même enseigne au sein des effectifs qu'ils ont à gérer. Quelque part, on en a peut-être vu les premiers effets dès le 13 juillet lors de la finale de la Coupe du monde des clubs aux États-Unis : malgré les énormes moyens dont il dispose, Chelsea n'aligne plus de grandes stars. Les Blues en ont vite tiré profit, à l'image de leur succès contre Paris (3-0), dans le prolongement de leur victoire en Ligue Conférence et de leur quatrième place en Premier League.

LE REGARD DE L'EUROPE A CHANGÉ

Ce qui est certain, c'est que le regard de l'Europe sur le Paris Saint-Germain a radicalement changé depuis la finale de la Ligue des champions. Espagnols, Italiens, Allemands et Anglais ont compris combien il était devenu difficile de battre ce PSG-là. Tout le monde croise désormais les doigts pour l'éviter au tirage au sort. Je ne dis pas que c'était une partie de plaisir de le rencontrer avant, mais le club adverse pensait le battre. Pire, quand on évoquait le PSG – en France notamment –, cela faisait souvent rire. Tout cela a disparu en six mois. C'est même l'inverse : Paris est pris très au sérieux partout et par tout le monde. Les Espagnols, que je connais bien, par exemple, sont devenus admiratifs du jeu pratiqué. Ils ont été impressionnés par cette finale.

Voilà la récompense du travail acharné d'un entraîneur et de son staff lorsqu'ils sont en osmose. À titre personnel, j'apprécie particulièrement, vous vous en doutez, la place qu'ils ont su faire à des joueurs issus du centre de formation. Par le passé, la gestion sportive n'a pas toujours été bonne sur ce plan. Mais là, pouvait-elle être plus optimale, plus symbolique, qu'avec Senny Mayulu en finale ? Luis Enrique le fait entrer en fin de match contre l'Inter Milan, et ce gamin de tout juste 19 ans, né au Blanc-Mesnil en Seine-Saint-Denis et formé au club, marque deux minutes plus tard le cinquième but, celui qui fait que cette finale est celle avec le plus gros écart jamais enregistré.

Pour moi, qui ai toujours été attaché à la formation, ces actes me parlent. À mon époque, j'aimais faire monter des jeunes pour qu'ils puissent s'entraîner avec les pros. Je pense entre autres à Didier Domi. Et quand je vois qu'un garçon comme Sylvain Distin, que j'ai eu au PSG lors de mon deuxième passage, est devenu le joueur de champ non britannique à avoir disputé le plus de matchs dans l'histoire de la Premier League – 469 avec Newcastle,

Manchester City, Portsmouth, Everton et Bournemouth –, je trouve ça fabuleux ! Donc, forcément, j'apprécie que Luis Enrique s'intéresse aux jeunes et fasse appel aux meilleurs d'entre eux – il le faisait déjà quand il entraînait Barcelone. C'est toujours une grande récompense pour les formateurs.

Avec lui, les planètes étaient alignées pour que le PSG remporte la Ligue des champions. Dans l'allégresse d'un match parfait, bien loin des débuts chaotiques.

CHAPITRE 2

LE PARCOURS DES COMBATTANTS

Pour en arriver là, tout en haut, il a fallu souffrir. C'est ce qui a donné encore plus de piment à cette première victoire en Ligue des champions.

Beaucoup pensent que le tournant de la saison, c'est ce match de la première phase contre Manchester City, que l'on bat 4-2 au Parc des Princes après avoir été menés 2-0, alors qu'il ne restait que 37 minutes à disputer dans le temps réglementaire. Je ne fais pas partie de ceux-là. Car, il faut bien l'admettre, ce n'était plus le grand City, celui qui gagnait la Premier League depuis quatre ans et qui, en 2023, était aussi monté sur le toit de l'Europe pour la première fois.

Je situe plutôt la bascule au huitième de finale contre Liverpool, et plus précisément le match retour gagné là-bas. Vaincre à Anfield Road, c'est un exploit rare. Seules deux équipes françaises l'avaient fait – l'Olympique de Marseille et l'Olympique lyonnais – mais c'était en phase de poule. Durant la saison 2024-2025, les Reds ont quand même dominé le championnat anglais avec brio.

Il y a tout en Premier League : l'engagement, les stades pleins, l'ambiance... C'est ça le foot ! Je suis fan du championnat anglais. Et nous, pour atteindre la finale de la Ligue des champions, on a éliminé les quatre clubs anglais en lice : Manchester City et Liverpool, donc, mais aussi Aston Villa et Arsenal. Fantastique ! Surtout d'où l'on venait...

Rappelez-vous, lors des cinq premières journées de cette nouvelle formule à 36 équipes, on ne marquait pas ou peu. Ça avait été le cas contre Gérone (1-0), Arsenal (0-1), le

PSV Eindhoven (1-1), l'Atlético de Madrid (1-2), le Bayern Munich (0-1).

Pourtant, avant la reprise, Luis Enrique avait affirmé que l'équipe serait meilleure sans Kylian Mbappé. C'était difficile de le croire à ce moment-là. Mais les faits ont fini par lui donner raison. Le PSG est devenu meilleur sans lui, alors qu'il est pourtant le meilleur buteur de l'histoire du club (256 buts). S'il était resté, il n'aurait pas pu faire ce qu'Ousmane Dembélé, Désiré Doué, Bradley Barcola ou Khvicha Kvaratskhelia font, en étant véritablement les premiers défenseurs et en se démenant systématiquement à la récupération du ballon. Lui demander de multiplier les allers-retours comme l'a fait « Kvara » dès son arrivée, c'était impossible ; ç'aurait été un « non » de sa part !

Avant que Luis Enrique n'arrive, avec Lionel Messi et Neymar en plus de Mbappé, trop de joueurs défendaient peu, voire pas du tout. Et personne n'a su remédier à ce problème, qui était une carence majeure pour l'équipe. Des choix ont ensuite été faits par la direction du club, qui a d'abord laissé partir Messi et Neymar ; un an plus tard, elle a dû se résoudre au départ de Mbappé.

Si cette voie avait été prise plus tôt, sans cette politique de stars qui a duré longtemps, le PSG aurait déjà gagné cinq fois la Ligue des champions, j'en suis certain ! Même le public s'y retrouve sans ces stars. Cela dit, je n'ai rien contre les stars, mais seulement si elles s'inscrivent véritablement dans un collectif. À l'inverse, si elles n'adhèrent pas au projet de jeu porté par Luis Enrique, elles n'ont plus qu'à quitter la maison…

Premier adversaire de la saison européenne, Gérone venait de créer la surprise en finissant troisième de la Liga espagnole au bout de la saison 2023-2024 derrière le Real Madrid et le FC Barcelone, et devant l'Atlético ! J'avais vu jouer cette équipe. Elle m'avait fait forte impression avec son petit attaquant brésilien Savinho, prêté par le City Group, qui l'a ensuite rapatrié à Manchester.

Gérone était content d'être là, en Ligue des champions, à jouer contre le PSG, évidemment favori de la rencontre. Les Espagnols n'avaient rien à perdre dans la mesure où tout le monde aurait trouvé normal qu'ils soient battus. Paris, de son côté, n'avait pas droit à la défaite. C'est une situation, surtout pour un premier match, qui peut inhiber certains joueurs. La certitude, c'est qu'il ne faut jamais sous-estimer un adversaire, quel que soit son « grade ».

Souvent, avant ce genre de rencontre, une moitié de l'équipe est plutôt concentrée, déjà bien dans son match. L'autre se dit : « On est tranquilles, ça va le faire. » Une fois sur le terrain, tu te retrouves face à des garçons qui ne te laissent pas t'exprimer et tu peux vite douter, alors qu'il faut s'attacher à bien démarrer pour, au contraire, installer la confiance.

Finalement, on gagne 1-0 à la dernière minute – sur un but contre son camp, c'est vrai. Mais un but, il vient quand il vient, l'essentiel étant qu'il vienne ! Tu prends les trois points et c'est déjà ça. Avec le temps, on ne se souvient que de la victoire. Luis Enrique essayait de mettre en place son animation et ça ne pouvait pas se faire du jour au lendemain, d'où ces difficultés. Pep Guardiola ou Jürgen Klopp ont aussi connu ça quand ils ont mis en place leur système à Manchester City et à Liverpool.

De toute façon, mieux vaut commencer doucement, voire dans le dur, que d'enchaîner les 4-0 dès les premières rencontres et de s'imaginer déjà tout en haut. Au moins, durant ces premiers matchs européens, les joueurs ont compris que ce qu'ils proposaient était insuffisant.

DE RONALDINHO À DEMBÉLÉ

Cela s'est encore plus vu contre Arsenal, choc de la deuxième journée. À l'Emirates, on perd 2-0. Défaite nette, sans contestation possible. Mais à l'époque, en ce premier jour d'octobre 2024, c'était le meilleur Arsenal de la saison, pas celui qu'on a retrouvé en demi-finales sept mois plus tard. Les Gunners brillaient alors en championnat d'Angleterre. Ils proposaient du jeu…

La décision de Luis Enrique de se priver d'Ousmane Dembélé, pour le sanctionner d'un retard à l'entraînement, a fait grand bruit. Elle était pourtant logique. N'oublions pas qu'en son temps, Thomas Tuchel avait mis Mbappé sur le banc contre l'OM pour un retard à une causerie.

Un entraîneur ne peut pas laisser passer des choses comme ça, sinon les autres joueurs l'observent et se disent : « Si lui a pu le faire, je vais pouvoir le faire moi aussi. » Tout le monde doit être logé à la même enseigne. Dans ce genre de situation, il ne peut pas y avoir de passe-droit, sauf problème personnel justifié. Autrement dit, on s'entraîne à la même heure, on passe à table à la même heure, tout se fait ensemble.

Quand il sanctionne un joueur dans un tel cas, le coach est dans son droit et le premier concerné le comprend. Pour Dembélé, qui n'était même pas retenu dans le groupe et qui n'a donc pas fait le voyage à Londres, j'ai l'impression que ça l'a boosté, sans dire – ce serait exagéré – que c'est à la suite de cette sanction qu'il est devenu ce qu'il est devenu. Non, ça, c'est venu après son changement de positionnement.

J'ai connu ça avec Ronaldinho. Et franchement, ça ne fait plaisir à aucun entraîneur de prendre ce genre de décision. Mais un joueur en retard ou, pire, qui sèche un entraînement, c'est un joueur qui manque de respect à ses partenaires et au club. Qu'il soit le meilleur de l'équipe ou, en tout cas, au-dessus de beaucoup d'autres, ne doit pas entrer en ligne de compte.

Néanmoins, « Ronnie » était réellement le plus fort. Que ce soit à l'entraînement ou en match. Et lors de sa première année au PSG, où il est arrivé plutôt jeune, à 21 ans, tout s'est bien passé. Il était à l'heure et se montrait dynamique. Il avait l'envie. Surtout, il était bien entouré par sa famille, présente sur place. Le sélectionneur brésilien, Luiz Felipe Scolari, était même venu me féliciter pour le travail accompli avec Ronaldinho, sacré champion du monde 2002 en Corée du Sud et au Japon.

Problème : à la reprise, sa famille était partie et il s'était retrouvé seul à Paris. Je comptais sur lui et son incroyable talent pour gagner le titre mais, très vite, son comportement n'allait plus. Beaucoup de joueurs ont commencé à me faire des remarques sur ses absences, ses retards, son manque de condition physique... J'étais démuni face au problème car il n'y avait pas encore de directeur sportif au PSG. Quant au président, Laurent Perpère, il laissait faire sans réagir. Jamais je n'ai pu compter sur ce personnage.

Ronnie me demandait parfois lui-même à la mi-temps de le sortir assez vite car il n'en pouvait plus... Des joueurs qui partageaient sa chambre l'entendaient rentrer de boîte à 7 heures du matin ! Il faisait la fête et ne savait plus s'arrêter. Il était sans limite. Face à cette situation, je devais défendre l'institution et ce club auquel je suis tant attaché.

À l'été 2003, il est parti à Barcelone. Il s'est remis à travailler et a décroché le Ballon d'or deux ans plus tard. J'aurais aimé qu'il nous donne ce qu'il a donné au Barça. Au regard de ce que l'on a fait pour lui lors de sa première année, c'est très décevant. Avec mon staff, on en a fait un champion du monde, ce n'est pas rien !

Ronaldinho aura été un cas très dur à gérer. Il n'en demeure pas moins que c'est le meilleur joueur que j'ai entraîné. Un extraterrestre du football que je faisais jouer le plus possible, malgré tout. On m'a critiqué pour la manière dont je l'ai géré, mais il faut connaître la véritable histoire avant de parler.

J'estime que c'est pareil pour Ousmane Dembélé, on ne sait pas tout. Ce que l'on sait, en revanche, c'est qu'avec Luis Enrique aussi, il n'y a pas de statut. Ce qu'il a fait avec lui, il l'avait également fait avec Lionel Messi quand il entraînait Barcelone, en le mettant sur le banc. Je lui donne totalement raison. Arrêtons avec les statuts ! Et puis Ousmane n'a pas été écarté longtemps. Un match, c'est quoi ? N'oublions pas qu'il traversait une période compliquée, il manquait de confiance. Il n'arrivait pas à marquer et il voulait tellement voir ses frappes rentrer qu'on l'observait, dépité. Cependant, j'ai toujours préféré un attaquant qui manque dix occasions, qu'un autre qui ne s'en crée pas. Ousmane Dembélé était là. Là où il fallait être. J'étais donc convaincu qu'il finirait par y arriver.

LA CHUTE N'EN FINIT PAS

Lors du match suivant contre le PSV Eindhoven (1-1), trois semaines plus tard, Ousmane continuait de voir la réussite le fuir. Il tirait sur la barre et on était toujours dans cette période où le manque de finition gâchait le résultat. Parce que des occasions, on s'en créait toujours. Au Parc des Princes, ce soir-là, on était même menés à la mi-temps.

C'est Achraf Hakimi qui égalise dix minutes après la pause. Par son attitude, son style, son jeu, son registre, je lui mets un 10 sur 10 pour sa saison. Tactiquement et techniquement, c'était très fort. Et que dire de son efficacité ? Le latéral marocain marquera aussi en quart de finale contre Aston Villa, puis en demi-finale contre Arsenal, et encore en finale contre l'Inter Milan ! Il a également cinq passes décisives à son actif. La liberté que lui accorde Luis Enrique dans ses déplacements a largement contribué à la réussite du PSG au cours de cette saison historique. Hakimi peut aller dans le cœur du jeu comme sur les côtés. Il a le physique pour et dispose d'une grande intelligence du jeu. Sa particularité, c'est d'anticiper. Il voit vite et bien.

En revanche, ni lui ni personne n'a de liberté quand il s'agit de presser, de harceler, de se replier… C'est LA directive de Luis Enrique, et il fait en sorte qu'elle soit parfaitement appliquée.

Malgré tout, les vents continuaient d'être contraires en cet automne, où la situation de Paris a empiré après une défaite à domicile contre l'Atlético de Madrid, vainqueur dans le temps additionnel grâce à un contre assassin (1-2). C'était tellement cruel ! Le PSG a dominé de la tête et des épaules mais s'est trop vite fait rejoindre après avoir ouvert le score grâce à Warren Zaïre-Emery. L'équipe de Diego Simeone a été telle qu'on la connaît. Rarement facile à jouer, avec ses hauts et ses bas. Ce soir-là, elle était dans un « jour avec ». Avec une réussite maximale.

Encore une fois, nous avons eu la possession et pas mal d'occasions. Encore une fois, nous ne sommes pas parvenus à conclure. Nous ne méritions pas ce revers qui aura été, avec le recul, le pire moment de la saison.

Heureusement, la nouvelle formule de la Ligue des champions, avec 36 équipes dans le même classement et seulement un tiers éliminées au terme de cette première phase sur huit journées, nous a laissé une chance. Dans l'ancien format, avec huit poules de quatre équipes s'affrontant en aller-retour, une telle succession de contre-performances aurait sans aucun doute été fatale.

Reste que la chute n'en finissait pas puisque, vingt jours après, nous perdions cette fois sur la pelouse du Bayern Munich. Sur le fond, perdre 1-0 à l'Allianz Arena n'a rien d'infamant, surtout face à ce Bayern de Vincent Kompany qui se reconstruit. Mais sur la forme, on a peut-être touché le fond à l'endroit où l'on connaîtrait, six mois plus tard, le plus grand des bonheurs. Ousmane Dembélé avait même été expulsé. On était le 26 novembre et il traversait depuis un petit moment une période délicate. Il avait été mis de côté pour le déplacement à Arsenal, n'avait pas eu de réussite contre le PSV et était montré du doigt. Mentalement, ça joue. Moi, j'avais mal au cœur pour lui car ce n'était pas possible que ça continue ainsi, qu'il ne se libère pas.

La surprise de cette rencontre est venue de la titularisation de Matveï Safonov dans les buts à la place de Gianluigi Donnarumma. La mise sur le banc du gardien italien ne m'est pas apparue comme une sanction. C'était juste une volonté de Luis Enrique de faire bouger les lignes. Un entraîneur doit prendre des décisions. C'est le cœur de son métier. Parfois, elles sont fortes. Et encore une fois, avec Luis

Enrique, tout le monde est logé à la même enseigne, même les gardiens.

Après avoir encaissé cinq buts lors des trois matchs précédents, je pense qu'il voulait voir autre chose. Ça ne remettait pas en cause les qualités de Donnarumma. Et puis, là aussi, nous ne savons pas ce qu'il s'est passé en interne, ce qui a réellement poussé le coach à effectuer ce choix. Il peut y avoir une multitude de raisons.

Quoi qu'il en soit, ça n'a pas fonctionné puisque c'est le gardien russe qui a fait l'erreur sur l'unique but de la rencontre. Et Donnarumma a vite repris sa place.

Après cette troisième défaite en cinq journées, le PSG était dos au mur comme rarement il l'a été en Ligue des champions depuis que Qatar Sports Investments est là (2011). Paris devait gagner les trois dernières rencontres pour espérer accrocher une place en barrages. J'y croyais encore. Et la victoire, quinze jours après, contre le Red Bull Salzbourg m'a conforté.

APRÈS CITY, PLUS RIEN NE SERA COMME AVANT

En l'emportant 3 à 0 en Autriche, sans trop trembler, les chances de se qualifier ont été préservées avant d'affronter Manchester City au Parc des Princes, choc annoncé depuis le tirage au sort. Dans le contexte, ce n'était pas si simple d'aller gagner là-bas, même si Salzbourg n'était pas une grande équipe. Mine de rien, c'est peut-être au cours de ce match un peu anonyme, au cœur de la longue saison parisienne, que les choses ont commencé à se décanter, pas forcément dans la qualité mais avec du concret, trois buts inscrits. Pour une équipe en panne d'efficacité, ce n'était pas anodin, surtout qu'on a ensuite fini l'année 2024 en gagnant deux gros matchs de Ligue 1, en marquant encore trois buts contre Lyon puis quatre à Monaco. C'était le début d'une série juste avant de basculer sur 2025.

Cette année 2025, avec le Trophée des champions contre Monaco pour commencer (1-0), elle a démarré fort. Très fort.

Autant certains matchs passent aux oubliettes, autant celui contre Manchester City, tout le monde s'en souvient. Après, plus rien ne sera comme avant. Être menés 0-2 au Parc et finalement s'imposer 4-2, c'est costaud.

Il faut cependant admettre que nous ne serions certainement pas revenus au score si nous avions affronté la « machine City » des années précédentes. Celle qui avait une maîtrise et un style, travaillés depuis longtemps par Pep Guardiola, qui faisaient que l'on pouvait courir longtemps après le ballon sans jamais l'attraper. Mais ce n'était plus ça. N'importe qui pouvait battre cette équipe, privée toute la saison du Ballon d'or 2024, le métronome espagnol Rodri, mais aussi longuement de Kevin De Bruyne et d'autres joueurs importants. Mener avant de perdre, c'est un scénario que les Citizens avaient vécu plusieurs fois en Premier League, y compris sur leur terrain. N'empêche, ce renversement de situation a permis à Paris de rester en vie. Et c'est à cette occasion qu'Ousmane Dembélé, rentré en seconde période à la place de Kang-in Lee, est devenu un véritable buteur. Il a réduit le score trois minutes après que Erling Haaland a doublé la mise. Il a eu un déclic. À partir de là, il ne s'est plus arrêté. Il a tout de même inscrit 25 buts – un seul penalty, il faut le noter – de janvier à juillet, sur ses 35 totalisés dans la saison.

Son but a tout relancé. J'étais au Parc des Princes et, quand Ousmane a marqué, je me suis dit que c'était bon.

Si cette victoire contre Manchester était cruciale, le PSG n'avait toujours pas de marge, restant au bord de la zone rouge au classement, menacé par une élimination prématurée.

Il fallait maintenant enfoncer le clou à Stuttgart, qui luttait aussi pour une place en barrages. Ça s'est avéré une formalité puisque le PSG a mené 2-0 au bout d'un quart d'heure, 3-0 à la mi-temps, puis 4-0, avant de l'emporter 4-1. Sur sa lancée, Dembélé a réussi un triplé après l'ouverture du score par

Bradley Barcola. Avec Ousmane confirmé buteur, Paris se libérait !

L'inefficacité du début a brusquement fait place à un festival offensif. En additionnant Salzbourg, Manchester City et Stuttgart, le PSG a marqué onze fois en trois rencontres ! À ce sujet, il faut valoriser Luis Enrique pour le système de jeu qu'il n'a jamais cessé de mettre en place, faisant tout le temps évoluer son équipe avec trois attaquants. Un système sans véritable numéro 9, sauf quand Gonçalo Ramos est utilisé. Cependant, avec Doué, Dembélé, Kvaratskhelia ou Barcola, on a des attaquants qui font tous un bon pressing, ce qui favorise la récupération du ballon par les milieux de terrain. Eux non plus, en début de saison, ils n'avaient pas trouvé leurs marques avant d'être si efficaces et brillants par la suite.

L'ensemble permet d'avoir beaucoup de créativité au profit des joueurs de devant qui bougent beaucoup, se déplacent vite et sont capables d'accélérer, d'éliminer puis de passer la balle. Néanmoins, personne ne peut réaliser ce qu'est capable de faire Dembélé dans l'axe, en étant bien plus qu'un avant-centre. Aussi, en son absence, on ne peut pas vraiment le remplacer. Ou difficilement. Éventuellement Doué, on l'a vu sur le premier but de la finale. Ou alors en mettant Ramos mais, dans ce cas, ce n'est plus exactement la même animation puisque lui est un vrai numéro 9.

Luis Enrique a de l'ambition dans le jeu et c'est bien qu'il ait fini par être récompensé. On remarque d'ailleurs que les derniers vainqueurs de la Ligue des champions disposaient tous d'une équipe tournée vers l'offensive.

Cette volonté a payé à temps, l'avalanche de buts en conclusion de la première phase sauvant le PSG d'une élimination qui aurait été un coup de tonnerre et aurait déclenché des tonnes de critiques. Au contraire, les Parisiens sont remontés à la 15e place du classement et se sont qualifiés pour les barrages, avec même l'avantage de recevoir au match retour, privilège accordé aux équipes classées de la 9e à la 16e place qui sont appelées à se confronter à celles classées de la 17e à la 24e. Pour Paris, un improbable duel franco-français avec Brest s'annonçait.

CHAPITRE 3

LA VOIE ROYALE

Le hasard des classements a donc voulu que la phase à élimination directe, qui se transformera en voie royale vers la finale pour un impressionnant Paris Saint-Germain, débute par une confrontation face à un autre club de Ligue 1 – ce que j'ai toujours déploré –, le surprenant Stade brestois, 18e de la première partie de la compétition.

Ce barrage est une sorte de seizième de finale auquel les Bretons sont ravis de participer, après avoir fait ce qu'il fallait pour en arriver là, dont un nul contre le Bayer Leverkusen (1-1) et une victoire sur le PSV Eindhoven (1-0). Ils méritaient leur place et les louanges qui ont accompagné leur parcours. Mais ils ont eu la malchance de tomber sur ce PSG en train de refaire pleinement surface, de trouver ses marques et de commencer à flamber. Le 10-0 (0-3, 7-0) sur l'ensemble des deux rencontres disputées en février a porté le total de buts du PSG à 21 en cinq matchs, en additionnant Salzbourg, Manchester City, Stuttgart et Brest deux fois !

À part contre City, dans toutes ces rencontres, Paris a souvent marqué assez tôt. Avec le système et l'animation voulus par Luis Enrique, il est préférable de faire douter son adversaire le plus rapidement possible et de le pousser à se découvrir. On l'a vu aussi en finale contre l'Inter Milan…

Ce 10-0 montre, par ailleurs, que Brest était au bout du rouleau après ses exploits. Mais encore une fois, on n'oubliera pas ce qu'Éric Roy et ses joueurs ont fait. Et moi, je retiendrai plutôt leur parcours que cet écart record au tableau d'affichage.

Voilà donc maintenant le PSG face à son plus grand défi : se mesurer à Liverpool, vainqueur de la première phase de la nouvelle formule – premier sur 36 avec sept victoires en huit journées –, largement leader du championnat d'Angleterre. Et donc logiquement considéré comme le favori numéro un de la compétition.

C'est aussi le seul club anglais en lice à ne pas être entraîné par un Espagnol, mais par un Néerlandais : Arne Slot. Celui-là, il m'a épaté. On pensait tous qu'il serait difficile de succéder à un monument comme Jürgen Klopp, non ? Et lui, il arrive et réalise une saison extraordinaire, remportant nettement la Premier League. Pour Luis Enrique, les confrontations avec ses compatriotes – Pep Guardiola (Manchester City), Unai Emery (Aston Villa) et Mikel Arteta (Arsenal) – n'avaient rien d'anodin : il savait qu'elles auraient un retentissement en Espagne, où il avait été beaucoup critiqué après la Coupe du monde 2022 au Qatar, alors qu'il dirigeait la Roja, éliminée en huitièmes de finale par le Maroc aux tirs au but. Je suis sûr qu'il peut maintenant aller entraîner où et quand il veut, en Espagne comme en Angleterre !

Vu la valeur de l'opposition, je considère que ce huitième de finale contre Liverpool a été LE vrai tournant dans la compétition. Notamment le match retour à Anfield Road, où c'est encore un but d'Ousmane Dembélé qui a fait la différence (0-1). On a aussi bénéficié d'un grand Gianluigi Donnarumma qui a fait les arrêts nécessaires. J'ai l'impression que la balafre sur le visage que lui a laissée le Monégasque Wilfried Singo lors d'un match de Ligue 1 à Monaco fin 2024 lui a donné plus de force. Sur les deux matchs, Nuno Mendes a aussi mangé Mohamed Salah, empêchant l'attaquant égyptien de pouvoir s'exprimer ! Il est vrai que le latéral gauche portugais a dévoré tout le monde cette saison, y compris avec sa sélection nationale, notamment Lamine Yamal en finale de la Ligue des nations contre l'Espagne.

De toute la seconde phase de la Ligue des champions, c'est ce tour contre les Reds qui a été le plus dur pour le PSG. Pour preuve, on s'est qualifiés aux tirs au but au terme d'une séance parfaite (4 à 1), dans laquelle

Donnarumma a brillé et les tireurs ont réussi un exceptionnel sans faute – de surcroît en étant à l'extérieur, ce qui n'est jamais simple quand on en arrive à cet exercice si particulier.

Paris élimine donc Liverpool et tout le monde comprend que le PSG est désormais un candidat sérieux au titre alors qu'il était au bord du précipice quelques semaines plus tôt. C'est aussi pour ça que je continuerai de considérer ce huitième de finale comme la clé vers les sommets.

J'ai parfois entendu que les joueurs d'Arne Slot connaissaient, à ce moment-là, un petit passage à vide. Je veux bien, mais j'ai l'impression que l'on trouvera toujours quelque chose à redire aux performances parisiennes. Et puis les Reds, qui continuaient de dominer le championnat d'Angleterre, n'ont-ils pas gagné le match aller au Parc des Princes (0-1) ? Certes, c'était contre le cours du jeu avec un but de Harvey Elliott à trois minutes de la fin et une multitude de parades d'Alisson, mais tout de même, c'était costaud. Et c'est quand on rencontre une équipe de ce niveau que l'on peut jauger sa propre valeur. Or, Paris a été très fort contre Liverpool. À mes yeux, le chemin menant à la finale de Munich était désormais tracé.

LA *REMONTADA* N'AURAIT PAS DÛ EXISTER

Ce chemin passait par une équipe de Birmingham en quart de finale, officialisant de nouvelles retrouvailles avec un ancien entraîneur du club, Unai Emery, ainsi que des joueurs français, dont un autre ex du PSG, Lucas Digne.

Aston Villa, ce n'était pas Liverpool bien sûr, mais ça n'a pas été simple pour autant ! C'est une équipe intéressante par son style de jeu et sa créativité – la patte Unai Emery, qui a aussi l'expérience des compétitions européennes et un beau palmarès. Avec Séville puis Villarreal, il a remporté quatre fois la Ligue Europa, un record. Partout où il passe, la qualité de son travail est reconnue. Et lui sait parfaitement se faire accepter.

Unai serait certainement resté plus longtemps que deux saisons à Paris, entre 2016 et 2018, s'il n'avait pas subi à Barcelone la fameuse *remontada* en huitième de finale de la Ligue des champions 2016-2017. Cette *remontada* n'aurait jamais dû exister : s'il y avait eu la VAR à l'époque, et non des « arbitres de surface », le Barça n'aurait pas marqué six fois pour s'imposer 6-1 après avoir été battu 4-0 au Parc à l'aller. L'arbitre avait multiplié les erreurs, en défaveur de Paris.

Cette *remontada* a fait très mal à Unai Emery, et j'ai eu très mal pour lui. Il a vécu au Camp Nou un fort sentiment d'injustice à travers cette élimination – j'insiste, ce n'était pas sa faute. Bien sûr, à un moment dans la rencontre, il n'a peut-être pas fait les bons changements ou les bons choix afin d'enrayer la spirale infernale, mais sans ces mauvaises décisions arbitrales, pas de *remontada*. Et sans *remontada*, le PSG ne se sépare pas de lui en fin de saison. Et l'histoire s'écrit autrement.

Ce Barça-PSG est devenu le plus douloureux souvenir de toute l'histoire du club. Et les répercussions ont été profondes. À l'aller, Paris avait pourtant infligé une correction à une sacrée équipe, celle de Lionel Messi, Luis Suárez et Neymar, entraînée par… Luis Enrique !

Méfiance donc avant de défier Aston Villa. Sur le papier, cette confrontation ressemblait un peu à la demi-finale de la saison précédente contre le Borussia Dortmund, où le PSG, pourtant largement favori, s'était fait éliminer. Or, pour la première fois de la saison, nous étions devenus le favori. De quoi m'inciter à rester prudent… D'autant qu'Aston Villa savait ce qui l'attendait puisque Paris venait d'éliminer Manchester City et Liverpool, vainqueurs à eux deux des huit derniers championnats d'Angleterre. De l'autre côté de la Manche, c'était parlant.

Au bout du compte, au retour à Birmingham, les Parisiens ont connu une fin de match particulièrement difficile. J'y étais. On a souffert et ce n'est pas étonnant : les équipes anglaises restent les plus dures et les plus coriaces à battre. Il ne faut pas non plus minimiser la qualité d'Aston Villa qui ne manque pas de bons joueurs, tel son milieu de terrain belge

Youri Tielemans que j'adore. Mais il faut bien reconnaître que les joueurs se sont relâchés et qu'ils ont failli le payer très cher. Quand tu gagnes 3-1 à l'aller et mènes 2-0 au retour, tu as le sentiment d'avoir fait le plus dur… Heureusement que Pacho sauve sur la ligne une reprise de Maatsen à la dernière minute, sinon on partait en prolongation ! Cela dit, on peut chercher et trouver des situations nous procurant une peur rétrospective après chaque rencontre. Les années précédentes, le PSG semblait pouvoir craquer à tout moment. Désormais, ça tient.

Nous nous retrouvons à nouveau dans le dernier carré. Comme la saison précédente, et comme c'est arrivé quatre fois lors des six dernières années.

L'adversaire de cette demi-finale, Arsenal, ne jouait plus tout à fait au niveau auquel on l'avait vu en octobre. C'était aussi vrai pour le PSG, mais dans le sens inverse. Arsenal était moins bien, Paris beaucoup mieux.

Le club londonien a reçu au match aller avec quelques absents importants, dont le milieu Thomas Partey, tandis que Bukayo Saka revenait tout juste de blessure. Objectivement, le PSG les a pris au bon moment. Mais, là encore, il faut les gagner ces matchs ! L'aller comme le retour. Dans la continuité de Liverpool et Aston Villa, Gianluigi Donnarumma s'est montré brillant et performant. On se souvient particulièrement de son arrêt au ras du sol sur une frappe de Martin Ødegaard, en début de rencontre au Parc des Princes. Il a une forêt de jambes devant lui et va chercher le ballon dans le coin. On l'a senti libéré. À la suite de cette action, j'étais plus que jamais conforté dans mon intuition : c'était la bonne année pour lui, Donnarumma. Et pour nous…

Après l'élimination de son équipe, Mikel Arteta a prétendu qu'Arsenal était meilleur que le PSG. En gros, que Paris n'avait pas mérité de se qualifier.

Mikel, je le connais bien. Je l'ai fait venir à 18 ans au PSG, alors qu'il évoluait avec la réserve du FC Barcelone. Je le voulais déjà quand j'entraînais Bilbao. Lui évoluait dans un club de Saint-Sébastien qui avait préféré le vendre au Barça. Et c'est Barcelone qui l'a prêté au Paris Saint-Germain quand je suis redevenu l'entraîneur du club en 2000. À ce moment-là, je n'aurais pas imaginé que Mikel deviendrait entraîneur. Milieu de terrain très respectueux et investi, il travaillait sans faire de bruit. À Paris, il a progressé avant de s'envoler chez les Glasgow Rangers, puis de signer à Everton et, enfin, à Arsenal, dont il est devenu entraîneur trois ans après quitté le club en tant que joueur. Coach, c'est une vraie pile électrique : il bouge dans tous les sens, encore plus que moi quand j'étais en poste !

J'ai toujours des échanges chaleureux avec Mikel. Il a dit qu'Arsenal était meilleur juste pour défendre son équipe en public. En privé, il reconnaîtra que Paris était supérieur. De toute façon, les commentaires du moment n'avaient déjà plus beaucoup de poids. On se fichait de tout ça, la finale était pour nous ! Et on allait la gagner comme personne ne l'avait fait en soixante-dix ans de Coupe d'Europe.

UN MOMENT DE PUR BONHEUR

Ce 5-0 à Munich contre l'Inter Milan a été un moment de pur bonheur. Le PSG nous a régalés. Il a fait preuve d'une intelligence dans le jeu qui l'a rendu trop fort pour l'équipe italienne, complètement dépassée. Défendre, récupérer le ballon, passer, accélérer, ralentir, attaquer : les Parisiens savent tout faire, à seulement 25 ans de moyenne d'âge, la seconde plus jeune d'un club vainqueur de la Ligue des champions après l'Ajax Amsterdam de 1995, ce qui peut laisser imaginer une domination durable dans le temps.

Qu'un club italien, qui a inventé le *catenaccio*, en prenne cinq, c'est une chose – il aurait même pu encaisser un ou deux buts de plus ! Mais qu'il n'en marque pas un seul avec des attaquants de la trempe de Lautaro Martínez et Marcus Thuram, c'en est une autre. Cela démontre également combien ce PSG sait défendre. Au fond, l'Inter Milan n'a eu qu'une seule occasion de but, pour réduire le score à 2–1, sur une tête après un coup de pied arrêté.

Deux heures avant la rencontre, j'avais pu constater combien ce groupe prenait plaisir à être ensemble. Et lors de cette finale, dès l'engagement, on a vu toute sa détermination. En envoyant le ballon le plus haut possible dans le camp adverse pour le mettre en touche, le message aux Milanais était clair : on va aller vous presser. Le PSG montrait d'emblée qu'il était là, qu'il allait embêter les Italiens dès les premières actions. Le plan était établi, l'analyse de l'adversaire par le staff avant cette finale a manifestement été parfaite.

La prestation de Désiré Doué, élu homme du match, ne m'a pas surpris. Je l'avais vu la veille à l'entraînement. Au regard de ses prises de balle, de ses accélérations, de ses passes, de son hyperactivité, sa titularisation s'imposait. C'est pour ça que je me doutais qu'il allait être aligné d'entrée, alors que beaucoup pensaient que Bradley Barcola allait commencer en attaque aux côtés d'Ousmane Dembélé et de Khvicha Kvaratskhelia.

Si j'ai vu le jour à Tarifa, dans le sud de l'Espagne, et que j'ai grandi aux Minguettes, dans la banlieue de Lyon, je peux dire que je suis né au PSG. Je me considère comme un enfant du club. Je sais ce que porter ce maillot représente. Alors cette victoire me touche au plus profond de moi-même. Car j'aime le PSG, et j'aime encore plus ce PSG-là, sans pour autant oublier les équipes précédentes et tous ceux qui ont porté le maillot parisien, pour prendre le contre-pied de ce que Zlatan Ibrahimović avait déclaré : « Avant à Paris, il n'y avait rien. » C'était irrespectueux, et je n'avais pas apprécié.

Cette année, a-t-on entendu quelqu'un de ce groupe, qui restera dans l'histoire, dire quoi que ce soit de déplaisant ? Sur les adversaires ? Sur les anciens joueurs ? Sur le passé du club ? Sur le public ? Non. Rien. Ce groupe a la bonne attitude. Il est uni. Il me plaît. Le voir remporter la Ligue des champions m'a comblé. Il le méritait. Les supporters, dont je fais partie, aussi.

Une semaine avant et six semaines après la finale de la Ligue des champions, le Paris Saint-Germain a disputé deux autres finales. L'une concernait une épreuve historique au parfum si particulier, la Coupe de France. L'autre était une grande nouveauté, la première Coupe du monde des clubs de la Fifa, disputée aux États-Unis dans une sorte de répétition générale de la Coupe du monde 2026 pour l'organisation.

La finale de la coupe nationale, au Stade de France, face à Reims (3-0) a été très facile à gérer pour Luis Enrique, puisque tous les joueurs voulaient lui montrer qu'ils étaient des titulaires potentiels pour jouer contre l'Inter. Et puis, une finale, tu n'as qu'une envie, c'est de la gagner, et tu ne calcules pas. Même à une semaine d'une finale de Ligue des champions. L'expérience montre d'ailleurs que jouer sur la retenue, en pensant au match plus important qui t'attend, est rarement une bonne option. C'est quand on lève le pied, ne serait-ce que légèrement, pour éviter tout contact et tout risque de blessure… que l'on se blesse !

À part Gianluigi Donnarumma, au profit de Matveï Safonov, et Khvicha Kvaratskhelia, au profit de Bradley Barcola, auteur d'un doublé contre les Rémois, Luis Enrique avait aligné au Stade de France la même équipe que celle qui jouerait contre l'Inter Milan à Munich sept jours plus tard.

Il avait aussi raison d'aligner ses meilleurs joueurs, car la Coupe de France demeure un titre important. J'en ai gagné deux de suite, contre Saint-Étienne en 1982 et Nantes en 1983. J'ai perdu la troisième contre Monaco en 1985, avant de l'emporter comme entraîneur dix ans plus tard face à Strasbourg, et ce sont des émotions inoubliables.

Aujourd'hui, le PSG est le recordman absolu de l'épreuve avec 16 victoires. Alors la Coupe de France, ça ne se galvaude pas.

MALGRÉ CHELSEA, PARIS SORT GRANDI

La Coupe du monde des clubs s'est aussi terminée par une finale pour le PSG, la troisième de l'année (sans parler du Trophée des champions remporté contre Monaco sur un but dans le temps additionnel de… Dembélé, ou plus récemment de la Supercoupe d'Europe, remportée contre Tottenham aux tirs au but alors qu'il y avait 0-2 à la 85e).

Aux États-Unis, au MetLife Stadium de New York où aura aussi lieu, dans moins d'un an, la finale de la Coupe du monde, la grande, la vraie, celle des nations, Paris a réalisé une très belle compétition malgré la lourde défaite contre Chelsea (3-0), un peu dure à vivre pour clore cette incroyable saison.

Au fond, il n'y a rien de grave dans ce résultat. L'essentiel a été acquis avant. Et je trouve même que le Paris Saint-Germain est encore sorti grandi du tournoi grâce ses nettes victoires contre l'Atlético de Madrid, l'Inter Miami de Lionel Messi et le Real Madrid ; toutes sur le score fleuve de 4-0. Sans compter le magnifique quart de finale contre le Bayern Munich (2-0) malgré les expulsions en fin de match de Willian Pacho puis Lucas Hernandez.

La démonstration face au Real Madrid en demi-finale a prouvé combien le groupe est resté mobilisé, guidé par son état d'esprit et toujours animé des meilleures intentions. Les Parisiens ont respecté le projet de jeu de Luis Enrique de bout en bout, et c'est assez remarquable. Ils ont voulu continuer d'attaquer, de presser, de sortir avec le ballon. Mais ils sont tombés sur un Chelsea des grands soirs, dont le niveau correspondait aux gros investissements consentis par les propriétaires américains.

On a beaucoup parlé, en évoquant les trois buts concédés, de l'absence fortement préjudiciable de Pacho aux côtés de Marquinhos en défense centrale, parce qu'il était suspendu. Et c'est vrai, l'Équatorien a manqué. Toutefois, c'était un peu dur de tomber sur le dos de son remplaçant, Lucas Beraldo, qui l'avait suppléé avec justesse contre le Real en demi-finale. D'autant que les milieux João Neves et Vitinha n'ont pas eu leur rendement habituel devant la défense, eux qui avaient été durant toute la campagne européenne des pièces essentielles à la solidité de l'équipe.

Quoi qu'il en soit, depuis sa victoire en Ligue des champions et sa démonstration contre l'Inter Milan, le PSG est l'équipe à battre. Le club a changé de dimension. Désormais, avant chaque confrontation, le jeu des Parisiens est étudié dans les moindres détails. La confrontation est très attendue. On l'a bien vu, ça aussi, avec Chelsea. Tous les adversaires sont plus motivés que jamais.

Cette Coupe du monde des clubs a été beaucoup critiquée. Ce n'est pas qu'elle fut inintéressante, mais elle a posé le problème de l'accumulation des compétitions et des matchs. Cette nouvelle épreuve est-elle de trop ? Elle ne reviendra que dans quatre ans. L'Australie, le Brésil et le trio Espagne-Portugal-Maroc se sont portés candidats pour l'organiser. Néanmoins, j'espère qu'à l'issue de cette première édition, les joueurs, qui ont fait le spectacle, ne vont pas accumuler les blessures pour avoir tiré sur la corde. Car l'enchaînement des tours a été assez délicat et a demandé beaucoup d'efforts. Durant la finale, la fatigue de tous a d'ailleurs sauté aux yeux, avec beaucoup de crampes dans les deux camps.

C'est, selon moi, cette fatigue qui explique l'échauffourée d'après finale. Tout le monde était épuisé mentalement et physiquement, et les deux équipes sont autant responsables l'une que l'autre de cette mauvaise facette, retransmise en Mondovision. Les enfants regardaient, et c'est un bien mauvais exemple qui leur a été donné. Sur ce plan, on devrait mieux observer l'attitude des rugbymen et s'en inspirer, eux qui, à la fin, s'embrassent après s'être rentrés dedans pendant 80 minutes. Oublions ça. Ce PSG champion d'Europe nous a tant fait rêver qu'il n'y a pas de quoi ternir son image.

CHAPITRE 4

LES DIFFÉRENTES FACETTES D'UN SUCCÈS

Pour franchir tous les paliers, il faut rester sérieux et le plus honnête possible avec les valeurs du football, sans jamais oublier d'où l'on vient. De même, quand un entraîneur et un coéquipier donnent leur amitié, leur gentillesse et leur solidarité, on se doit d'être à la hauteur.

C'est aussi tout ça un collectif. Et ce collectif, ça a été la priorité et la force du Paris Saint-Germain 2024-2025. C'est à mettre au crédit de Luis Enrique, en poste depuis l'été 2023 à la suite de Christophe Galtier. C'est sa réussite, et j'en suis très heureux. C'est pour ça que ce PSG m'a séduit. Tout le monde joue et joue le jeu. Tout le monde s'applique et s'implique. Personne n'est exempté. C'est une exigence de Luis Enrique, et avec lui, ça ne changera pas.

Cela a, certes, mis du temps à venir mais une véritable dynamique s'est créée dans le groupe parisien. Chacun a élevé son niveau et tiré Paris vers le haut. Une dynamique se ressent à l'entraînement. Les joueurs tentent plus de choses parce que leur confiance grandit, à la fois en eux et dans le groupe. Ils réussissent plus facilement dans leurs entreprises en sachant que les efforts seront faits par tous et pour tous.

Ceux qui aiment le football aiment le jeu pratiqué par cette équipe. Mais si ce PSG 2025 a pu exister, c'est qu'il y a eu un avant. La préparation du projet. Avec une idée d'animation de jeu et une mise en place pour tout faire fonctionner. Luis Enrique l'a fait. Mais il n'a pas pu le faire seul. Il l'a fait avec un staff.

Pour un entraîneur, il est capital d'avoir un staff sur lequel s'appuyer. Des personnes qui ne vont pas lui savonner la planche. Luis Enrique a su bien le constituer.

J'ai eu l'Argentin Gabriel Heinze comme joueur – je l'avais fait venir au PSG en 2001 alors qu'il évoluait au Real Valladolid. Lors de la saison 2011-2012, une de ses dernières avant de raccrocher les crampons et d'embrasser lui-même une carrière d'entraîneur – il a d'ailleurs rejoint Mikel Arteta à Arsenal cet été –, il avait évolué sous les ordres de Luis Enrique à l'AS Rome. « Luis, m'avait-il dit, tu ne peux pas savoir la complémentarité qui règne entre lui et son staff, c'est magnifique. »

J'ai vu ce groupe parisien se mettre vraiment en place il y a un an. Bien sûr, le PSG a mal démarré la Ligue des champions 2024-2025, au point de se poser pas mal de questions quant à la suite de la compétition, avec peu de hauts et beaucoup de bas. Alors ? Alors, Luis Enrique était juste en train de changer les choses, de créer un style et d'installer imperceptiblement mais sûrement les bases du succès. Partir sur un nouveau projet sportif, après un cycle avec des stars comme Lionel Messi, Neymar et Kylian Mbappé, nécessitait que l'entraîneur ait le temps de trouver la meilleure formule avec les joueurs dont il disposait.

Je sentais l'inquiétude chez beaucoup de supporters mais, pour ma part, n'ayant pas pour habitude de m'exprimer trop vite, j'attendais de voir comment les choses avançaient. Et plus j'observais ce PSG, plus je voyais que quelque chose se mettait sérieusement en place. Ce n'était pas facile à formuler, mais je pensais qu'il fallait avoir confiance en Luis Enrique, en qui je me reconnaissais dans la recherche d'adhésion de son groupe à ses principes. Aux journalistes, je disais souvent : « Attendez un peu avant de porter un jugement, on aura l'occasion de le faire plus tard. » Car les joueurs couraient, participaient, défendaient. Ça se voyait déjà. Ça ne passait pas, mais je me disais qu'ils allaient bien finir par être récompensés de leur travail, en appréciant ce que l'entraîneur mettait en place.

Vous pouvez chercher, vous ne trouverez pas durant la première partie de la saison le moindre commentaire négatif de ma part sur les résultats du Paris Saint-Germain et le travail de son entraîneur. Luis Enrique avait déjà remporté une Ligue des champions par le passé, en 2015 avec le Barça de la fameuse « MSN », et ça voulait dire qu'il savait emmener un groupe. Le diriger et le faire gagner.

LE RETOUR DU FOOTBALL TOTAL

Le problème initial de la saison du PSG, on l'a vu, c'était son manque d'efficacité offensive. Nous ne marquions pas. Puis Luis Enrique a eu l'idée de titulariser de plus en plus régulièrement Ousmane Dembélé au poste d'avant-centre. Ce repositionnement l'a métamorphosé. L'ancien attaquant barcelonais a été déterminant dans l'avènement parisien. Il a bénéficié d'un vrai coup de génie de son entraîneur. Un autre l'aurait peut-être laissé dans sa position car il faisait quand même des différences, à défaut de régaler dans la finition.

Pour être honnête, je ne sais pas si, entraîneur, j'aurais eu cette idée de le changer de place. C'est pourtant quelque chose que j'ai fait deux fois avec réussite. D'abord avec Johan Micoud à Cannes, qui a reculé dans l'entrejeu. Ensuite avec Daniel Bravo à Paris, passé d'ailier à milieu. Tous deux en ont profité, et mes équipes avec. Au PSG, Bravo a formé, au milieu de terrain, un duo avec Vincent Guérin qui est un peu comparable à Vitinha-João Neves aujourd'hui. Quant à Micoud, je l'ai fait jouer devant la défense comme Pep Guardiola lorsqu'il était joueur du Barça.

On peut modifier le rôle et la position d'un joueur, pourvu qu'il arrive à mieux s'exprimer et à augmenter encore sa confiance en lui. C'est ce qu'un entraîneur peut et doit percevoir.

La réussite du changement de poste d'Ousmane Dembélé a profité à toute l'équipe. C'est aussi ce qui a permis de voir Désiré Doué s'exprimer à droite ou à gauche, tout comme Bradley Barcola. À l'avenir, Doué finira peut-être par prendre une position axiale derrière les trois attaquants. Mais pour l'instant, ces trois-là – Doué, Dembélé et

Barcola – avec Khvicha Kvaratskhelia, c'est beau à voir ! J'avais de la peine pour Dembélé, quand je le voyais faire des allers-retours sur son aile, tenter, éliminer, accélérer, rentrer dans la surface et tirer… sans cadrer ! Pourtant, il faisait ce qu'il fallait. Il ne surjouait pas. Il n'essayait pas de dribbler cinq ou six joueurs. Mais il ne marquait pas, ou trop peu. Malgré tout, je me disais que c'était impossible qu'il n'y arrive pas, compte tenu de toutes ses qualités.

Quand j'ai senti un mouvement s'élever contre ce garçon, j'ai eu envie de dire aux gens de le laisser tranquille au regard du travail qu'il faisait déjà pour l'équipe. Et j'insiste, il faut remercier Luis Enrique de lui avoir trouvé cette position différente, qui lui a si bien réussi sans le contraindre. Car ça ne l'a pas empêché de revenir sur le côté droit ou d'aller à gauche, selon son inspiration ou les besoins de l'équipe. Il a été transfiguré. On ne peut être qu'admiratifs de son année 2025. J'ai eu l'opportunité d'en parler avec lui et de le féliciter. Quand je vois Florian Wirtz transféré du Bayer Leverkusen à Liverpool l'été dernier pour 130 millions d'euros, je me dis qu'Ousmane vaut largement cette somme…

Le problème d'efficacité de l'équipe a été réglé comme ça, dans une sorte de football total, où tout le monde est investi, va de l'avant et revient défendre. La finale contre l'Inter Milan en a été l'illustration la plus éclatante. Comme beaucoup, j'ai en tête cet effort de Khvicha Kvaratskhelia pour reprendre Denzel Dumfries en fin de rencontre, alors que l'avance était déjà confortable. On a aussi remarqué combien Dembélé pouvait harceler, emmerder, pousser à la faute les adversaires. Et on n'a pas oublié son regard quand, à chaque renvoi aux six mètres, il s'apprêtait à mettre la pression sur Yann Sommer, le gardien suisse des Nerazzurri…

Cet état d'esprit est remarquable, tout comme l'est l'animation de cette équipe, avec cette défense plutôt à trois qu'à quatre, au regard de la liberté accordée à Achraf Hakimi pour qu'il puisse rentrer à l'intérieur. On a tous remarqué les différences extraordinaires que le latéral marocain a pu faire tout au long de la saison.

Plusieurs joueurs ont dépassé les 4 000 minutes de jeu (Gianluigi Donnarumma, Marquinhos, Nuno Mendes, Willian Pacho, Vitinha, Joaõ Neves) ou s'en sont approchés (Bradley Barcola, Fabián Ruiz, Désiré Doué, Ousmane Dembélé). Tenir la cadence autant de temps et de matchs ne doit rien au hasard. Je vois là le signe d'une bonne entente avec le staff médical. Dans la plupart des cas, les blessures ont été rapidement soignées. Quatre ou cinq ans en arrière, cela provoquait des tiraillements.

De même, dans ce groupe champion d'Europe, très peu de joueurs mettent le pied en soirée, pour mieux rentrer à la maison. Réussir à obtenir cela à Paris, c'est formidable, je peux vous le dire.

Il ne leur est pas interdit d'aller en boîte de nuit, par exemple, mais ce qui l'est, c'est de s'y retrouver systématiquement. Ce genre d'attitudes est trop problématique pour la récupération. Or, manifestement, l'ensemble de l'équipe a une bonne hygiène de vie, faisant aussi attention à l'alimentation, autre élément prépondérant pour rester en forme durablement.

« JE T'AIME, TU ES MON AMI »

Au changement décisif de position d'Ousmane Dembélé s'est donc ajoutée l'arrivée de l'attaquant géorgien Khvicha Kvaratskhelia lors du mercato. Ceci, conjugué au regain de forme de Bradley Barcola et à l'avènement de Désiré Doué, a permis d'offrir une formidable puissance offensive à cette équipe parisienne. Randal Kolo Muani a dû, en revanche, partir. C'est pourtant un très bon joueur, au profil très intéressant, mais c'est un choix de l'entraîneur face à un garçon qui n'arrivait pas à trouver ses marques – aussitôt prêté à la Juventus Turin, il s'est remis à marquer.

Kvaratskhelia, je le connaissais pour l'avoir suivi dans le championnat d'Italie avec beIN Sports lorsqu'il jouait à Naples. Je l'avais particulièrement apprécié lors de la conquête du titre en 2023. Son arrivée à Paris a aussi été très positive parce qu'elle a créé une saine et belle émulation en attaque. Avec Doué, Barcola et Dembélé, ça faisait quatre joueurs pour trois places. Dans ce contexte, le savoir-faire de Luis Enrique a été précieux. Il a d'abord mis le Géorgien un peu sur le banc. Puis il a commencé à sortir l'un ou l'autre des titulaires, pour le faire entrer… Les quatre se sont mis à la hauteur les uns des autres, et tout le monde en a profité.

L'entraîneur espagnol a aussi installé un milieu de terrain d'une efficacité et d'une complémentarité rares. Dans ce secteur de jeu, comme dans bien des domaines, c'est monsieur Johan Cruyff, dont je suis un grand admirateur, et dont Luis Enrique est un disciple au même titre que Pep Guardiola, qui avait modifié la donne dans les années 1990 en inventant un poste : celui de milieu offensif devant la défense. Cela permettait aux défenseurs de trouver leur meneur de jeu plus bas sur le terrain, afin qu'il puisse mieux alimenter les attaquants. Johan Cruyff l'a mis en place à Barcelone, qui a gagné sa première Ligue des champions en 1992 sous sa conduite, avec Pep Guardiola dans ce rôle. Plus tard, Luis Enrique a aussi occupé ce poste.

En tant que coach, il a installé à Paris un milieu à trois plaques tournantes – João Neves, Vitinha et Fabián Ruiz. Chacun fait l'effort pour l'autre, mais Vitinha se retrouve le plus souvent devant la défense. Regardez leurs placements et leurs déplacements : c'est superbe. Et puis c'est souvent très difficile de jouer face à deux pitbulls comme les deux Portugais, Vitinha et Neves. Un an avant, on n'aurait pas soupçonné un seul instant qu'ils pouvaient rayonner autant. Idem pour Fabián Ruiz, qui a gagné la confiance de Luis Enrique et est monté en puissance tout au long de la saison, jusqu'à devenir intenable.

Pour qu'une telle entente dans le jeu puisse s'installer et s'entretenir, il est important qu'une amitié se noue dans le vestiaire, où chacun peut regarder l'autre en lui disant quasiment : « Je t'aime, tu es mon ami. » C'est ainsi que sur le terrain, quand l'un est dans le dur, l'autre va faire l'effort pour l'aider. Et quand on voit le résultat obtenu par Luis Enrique et son staff, c'est la preuve que tout le monde s'implique dans le projet sans arrière-pensée.

C'est la quête de tout entraîneur : trouver la meilleure position pour ses joueurs, la meilleure animation sur le terrain, le meilleur moyen d'être efficace. Il y songe constamment. Réfléchit toujours à ce qu'il va mettre en place pour que ça puisse marcher le jour du match. Ça le travaille. C'est sa passion, et c'est bien plus important que son contrat.

Pour atteindre les objectifs sportifs, il est nécessaire que les semaines d'entraînements flirtent avec la perfection, en faisant en sorte que tous soient concernés, même ceux qui jouent moins. Or, c'est aussi un point fort de Luis Enrique, qui a longtemps pratiqué un important turn-over afin que chacun ait sa chance. Si bien que ceux qui étaient sur le banc ne râlaient pas. Et quand un titulaire sortait pour laisser entrer un remplaçant, il n'était pas forcément mécontent. Les plus grandes victoires se construisent aussi comme ça.

Quand j'étais entraîneur, je favorisais le turn-over pour ne laisser personne de côté. Au lendemain d'un match, je m'occupais prioritairement de ceux qui n'avaient pas joué. Car entraîner, c'est se rapprocher de tous et bien échanger en allant plus loin que le match passé ou celui qui arrive. Quand tu fais jouer un groupe, il faut en effet savoir parler à tout le monde. Comprendre les attitudes, les réactions. L'humain prime. Une vingtaine de joueurs plus un staff médical et un staff technique, ça fait beaucoup de monde. Mais pour finir, le responsable c'est toi, en tant qu'entraîneur.

Luis Enrique a si bien fait les choses qu'on constate qu'aucun joueur n'est moins bon qu'un autre parmi ceux qui sont amenés à avoir du temps de jeu. D'ailleurs, si j'avais été journaliste et que j'avais dû donner des notes après la finale contre l'Inter Milan, ils auraient tous eu la même. Car lorsqu'une équipe fait autant rêver, c'est que tout le monde évolue au même niveau.

Les Parisiens étaient heureux d'être ensemble, cela a transpiré tout au long de la saison 2024-2025. Pour arriver à ça, Luis Enrique discute avec eux, en particulier avant les entraînements. Et quand il faut régler un souci avec l'un ou l'autre, il ne se défile pas. Si ce groupe, né pour jouer ensemble, garde cette mentalité et demeure aussi soudé, il sera difficile de l'arrêter. Vivre un truc pareil, ça rapproche, et la seule envie qui anime est que ça continue.

LOIN DES PRÉFABRIQUÉS DU CAMP DES LOGES

J'ai trouvé la nouvelle formule de la Ligue des champions – avec cette phase de groupe, ce classement unique et ces barrages – très attrayante. Ce ressenti est sans doute renforcé par le fait que Paris l'a gagnée ! Surtout qu'avec l'ancienne formule, on ne passait peut-être pas la phase de championnat, vu nos cinq premiers résultats. La nouvelle formule a-t-elle sauvé le

Paris Saint-Germain ? Peut-être. Mais on ne le saura jamais.

Le clin d'œil du destin avec la victoire de l'Olympique de Marseille en 1993 est surprenant puisqu'il s'agissait également d'une nouvelle formule cette année-là : la Ligue des champions succédait à la Coupe des clubs champions et connaissait sa première édition. De même à l'arrivée, Marseille avait aussi disputé sa finale à Munich – mais au Stade olympique, pas à l'Allianz Arena qui n'existait pas – contre un club de Milan – mais l'AC, pas l'Inter. Faudra-t-il encore une nouvelle formule, un club milanais et une finale à Munich pour qu'un club français ramène une troisième coupe aux grandes oreilles ? Je plaisante et je ne le crois pas, tant ce PSG peut très bien la regagner tout de suite. Quoi qu'il en soit, la nouvelle formule a été une réussite ; elle a engendré plus de suspense pour la qualification en huitièmes de finale, avec, très vite, des confrontations à enjeu.

Quand on parle de succès, il y a un autre aspect qu'il ne faut pas oublier dans celui du Paris Saint-Germain : le nouveau centre d'entraînement du club, à Poissy. Personne ne le dit, mais pour moi, cela fait partie intégrante de la victoire.

J'ai fait l'inauguration de ce centre avec les anciens le 21 novembre 2024. Tout y est extraordinaire. Les terrains, les vestiaires, les installations… Les joueurs peuvent rester déjeuner ou dîner, et même dormir s'ils ne veulent pas rentrer chez eux avant de revenir le lendemain s'entraîner, parce qu'ils habitent un peu loin et qu'ils devront se lever tôt ou subir les contraintes de la circulation parisienne. Ce sont des conditions idéales pour un footballeur. Elles n'ont plus rien à voir avec celles de mon époque.

Nous, nous étions au Camp des loges à Saint-Germain-en-Laye dans des préfabriqués. Et, au vu des lieux, nous n'avions pas nécessairement envie de rester longtemps après l'entraînement ! Là, c'est l'inverse. Dans ce contexte, les joueurs partagent et discutent davantage. Ils restent un moment ensemble s'ils le souhaitent, grâce au confort dont ils bénéficient. Indiscutablement, ça rejaillit sur l'esprit collectif et les performances.

Pour un entraîneur, un tel centre est idéal. Quand on voit ces salles de travail, les saunas, les piscines, les bureaux : rien ne manque. Les médecins aussi bénéficient du meilleur équipement. Et encore, je ne parle pas des terrains ! Des billards. Ce luxe permet au groupe de vivre mieux ensemble.

En France, personne n'a une telle infrastructure. Les clubs n'y pensent pas assez. À mon sens, ça devrait pourtant être une priorité.

Même pour le secteur administratif, se retrouver avec ces conditions de travail compte énormément. Être proche de tout le monde n'a rien d'anodin. Pour les contrats, les personnes en charge sont en prise directe avec les gens concernés. D'ailleurs, il ne faut pas oublier dans les victoires tous ces gens qui travaillent au club, tous ces salariés – ils sont plus de 700 – qui apportent beaucoup en faisant très bien leur boulot.

Du temps de sir Alex Ferguson, j'étais allé voir le centre de Manchester United. J'ai aussi visité ceux de Manchester City et Tottenham. Il n'y avait pas de comparaison possible avec ce dont nous disposions alors. Désormais, nous avons un véritable outil moderne, pratique et fonctionnel. Digne des plus grands d'Europe.

CHAPITRE 5

1996, PREMIÈRE !

Gagner la Coupe d'Europe des vainqueurs de coupes en 1996 et la Ligue des champions aujourd'hui, ce n'est évidemment pas du tout la même chose. Mais à l'époque, en C2, il y avait pas mal de belles équipes. Regardez les noms au palmarès : Barcelone, Arsenal, Juventus de Turin, Manchester United… Éliminer les Italiens de Parme en quart de finale ou les Espagnols du Deportivo La Corogne en demi-finale, il fallait le faire. On ne le perçoit plus maintenant, mais dans ces années-là, avant la mise en place de l'arrêt Bosman, il s'agissait véritablement de grands clubs. Tout comme le Rapid Vienne, notre adversaire en finale le 8 mai 1996 à Bruxelles (1-0). D'ailleurs, il n'y avait eu aucun match facile pour se hisser jusque-là. De nos jours, on ne mesure plus ce que représentait la Coupe des coupes.

Notre succès n'a pas été une grande surprise en Europe, dans la mesure où nous avions atteint le dernier carré de la Ligue des champions la saison précédente, battus par le grand Milan AC de l'époque, après avoir tout de même sorti le Barça de Johan Cruyff en quarts de finale ! C'était la troisième demi-finale européenne consécutive du PSG. Puis il y a donc eu les deux finales de Coupe des coupes. Celle remportée à Bruxelles. Et celle, perdue, en 1997 avec Ricardo et Joël Bats, qui m'avaient succédé sur le banc, contre le Barça de Luís Figo, Ronaldo et... Luis Enrique (0-1).

En 1995, contre Milan, nous avions perdu deux fois (0-1, 2-0). Mais hormis à l'aller où nous étions passés tout près, je n'ai pas beaucoup de regrets. George Weah avait eu une belle occasion de marquer. De lui, je retiens surtout le but exceptionnel qu'il avait inscrit contre le Bayern, du pied gauche en pleine lucarne. Il était remplaçant pour ce match de poule sans enjeu, puisque nous étions déjà qualifiés grâce à nos quatre victoires en quatre journées, avant cette rencontre à Munich, remportée 1-0. D'ailleurs, nous avions gagné nos six matchs de poule. « Mister George » a ensuite été élu Ballon d'or, alors qu'il avait rejoint le Milan AC. J'avais une superbe relation avec lui. Il venait parfois manger chez moi et, plus tard, il m'a invité dans son pays, au Liberia, quand il en est devenu président de la République.

Pour revenir à la Coupe des coupes, c'est la première fois qu'un club français la remportait. La dernière aussi puisque l'épreuve a disparu en 1999. C'était seulement la seconde victoire française dans une coupe européenne après la Ligue des champions de Marseille, trois ans plus tôt. Avec celle de 2025, ça fait trois, ce qui n'est pas énorme pour un pays comme la France.

La finale contre le Rapid Vienne s'est gagnée grâce à un coup franc puissant et lointain de Bruno Ngotty. Youri Djorkaeff s'apprêtait à le tirer, mais j'étais intervenu juste avant pour demander à Bruno de s'y coller. On avait vu à l'entraînement qu'il avait cette capacité à faire mal de loin. À cette distance-là, une trentaine de mètres, il faut un joueur qui frappe fort. Alors, Youri l'a légèrement décalé. Et l'histoire s'est écrite sous nos yeux. Quand je revois Bruno, c'est toujours un bon moment. Il n'a pas changé, c'est un gentil garçon et il restera pour toujours dans l'histoire du club. Comment pourrait-il en être autrement quand on est l'auteur de l'unique but de la première victoire en Coupe d'Europe ? Dans mon PSG de tous les temps, il formerait ma défense centrale idéale avec Marquinhos !

Dans ce match, où le gardien autrichien a réalisé quelques bons arrêts, on avait eu la malchance de perdre Raí, blessé au bout de seulement dix minutes. Je l'avais remplacé par Julio Dely Valdés, et ça s'était bien passé en attaque avec Patrice Loko. Mais Raí, c'était un joueur majeur, et il était triste de sortir. Ce n'est pas pour rien qu'il a été désigné meilleur joueur de l'histoire du club, ce qui m'avait fait plaisir car c'est vraiment quelqu'un de bien.

Pour réussir ce parcours européen, je devais nécessairement disposer d'un groupe sain et bien préparé. C'était le cas. Ce groupe, je l'ai aimé. Quand je revois Patrice Loko, Youri Djorkaeff, Raí, Vincent Guérin, Patrick Colleter, Laurent Fournier, Alain Roche, Bernard Lama, ou d'autres, c'est toujours un plaisir. Je repense avec admiration à ce que l'on a fait ensemble. Pourtant, on regrette toujours d'avoir laissé échapper le titre de champion de France 1996 alors que nous étions premiers à la trêve, avec une avance confortable. Nous avions finalement échoué à la deuxième place derrière l'AJ Auxerre de Guy Roux. Près de trente ans plus tard, je n'ai toujours pas vraiment compris ce qu'il s'est passé. Je cherche encore. Peut-être qu'au sein du groupe, certains ne se sont pas assez exprimés…

Autant en Coupe d'Europe, on était là et bien là ; autant en championnat, on a fait des erreurs, moi le premier.

QUITTER LE CLUB M'A FAIT MAL AU CŒUR

Si bien que j'ai quitté le PSG après cette saison. Avec la demi-finale de Ligue des champions et la victoire en Coupe de France l'année précédente, le tout forme un chouette parcours. J'estime avoir fait mon travail.

Si je suis parti de Paris, c'est parce que je n'avais pas senti, six mois plus tôt, alors que nos résultats en championnat commençaient à décliner, une volonté de Michel Denisot, le président délégué, de me garder. J'ai assez mal vécu ce moment-là. Après la victoire en Coupe des coupes, il souhaitait finalement que je reste. Je n'ai pas voulu revenir sur ma décision. La confiance en avait pris un coup. S'il m'avait proposé une prolongation de contrat avant, je l'aurais signée et j'aurais été content de le faire.

Au milieu de tout ça, il y avait eu aussi la décision de faire appel, avant la finale de la Coupe des coupes, à Yannick Noah, afin de favoriser la préparation mentale du groupe. Fondamentalement, je n'étais pas contre le fait que Yannick vienne nous aider. De plus, il avait été très correct ; il était parfaitement resté à sa place, et je l'aime bien. Simplement, le club l'avait fait venir pour une question d'image. Pour justifier le départ de Luis Fernandez, puisque j'avais donc décidé de ne pas rester après la finale. N'oublions pas que nous n'avions eu besoin ni de Yannick Noah, ni de personne pour éliminer Parme puis La Corogne et atteindre la finale. Avec le staff, nous avions fait notre job.

Annoncer que je partais du PSG après cette finale 1996 a été dur au regard de mon attachement profond au club. La Coupe des coupes constitue bien sûr un très bon souvenir – hiérarchiquement, je place cette victoire au-dessus du reste –, mais quitter Paris derrière m'a fait mal au cœur. Quelque chose s'était cassé en interne et ça nous a fait perdre ce titre de champion de France qui paraissait acquis. J'aurais tant voulu réaliser le doublé championnat-Coupe des coupes.

Chacun ses regrets. On n'en reparle jamais avec les intéressés quand je les croise.

Malgré tout, nous avions tous bien fêté la victoire, le 8 mai à Bruxelles. Nous avions célébré le succès sur place avec les supporters, j'étais très heureux. Mes enfants étaient venus sur le terrain avec moi, mon frère aussi. C'était différent le 31 mai à Munich, après la finale contre l'Inter Milan : j'étais témoin privilégié de l'histoire du club et c'était déjà très bien. Après le sacre contre le Rapid Vienne, nous avions dormi à Bruxelles et étions rentrés à Paris le lendemain. Nous étions tous allés chez Canal + puis sur les Champs-Élysées. C'était super !

J'ai partagé tout cela avec Michel Denisot. En dépit de la situation ayant mené à mon départ, il n'y avait aucun problème personnel avec lui. Aujourd'hui encore, on entretient une très bonne relation. Je ne suis pas du genre à oublier ce qu'il a fait pour moi. Lui comme les anciens dirigeants du club : Pierre Lescure, que j'adore, ou Alain Cayzac. Ce sont eux qui m'ont permis d'être là comme entraîneur après l'avoir été comme joueur, de remporter la première Coupe d'Europe du PSG. On ne m'entendra jamais dire du mal de ces personnes.

Après ce premier titre continental, puis la finale de 1997 perdue contre Barcelone à Rotterdam, il a fallu attendre 2020 pour retrouver Paris en finale. Et cette fois-ci, c'était celle de la plus prestigieuse compétition européenne, la Ligue des champions, disputée au bout d'un Final 8 inédit, à Lisbonne en plein mois d'août et à huis clos en raison de la crise sanitaire.

Dans un stade de la Luz vide, le PSG a été battu 1-0 par le Bayern Munich. L'unique but étant inscrit par un joueur formé chez nous et que l'on n'avait pas su garder, Kingsley Coman. Une défaite imméritée. Paris n'était vraiment pas passé loin de sa première Ligue des champions… Dans cette équipe, avec Neymar, alors dans une bonne période, et Kylian Mbappé, encore jeune et qui revenait de blessure, il y avait une belle cohésion. Elle avait terminé invaincue de la phase de poules.

Hélas, cette défaite contre le Bayern a cassé la dynamique et le club s'est séparé un peu vite de son entraîneur, Thomas Tuchel. Or, quelques mois plus tard, l'Allemand remportait la Ligue des champions avec Chelsea ! Jusqu'à l'arrivée de Luis Enrique, le PSG n'a sans doute pas toujours fait ce qu'il fallait avec ses coachs.

En plus de l'Allemand, deux autres anciens du banc parisien ont été sacrés sur la scène européenne après avoir quitté le club : Carlo Ancelotti a remporté plusieurs fois la Ligue des champions avec le Real Madrid et Unai Emery la Ligue Europa avec Villarreal. Il est probable que ces entraîneurs n'étaient pas en phase avec les directeurs sportifs de leur époque, contrairement à l'indissociable duo que forme Luis Campos avec Luis Enrique. Leur alchimie est essentielle dans la réussite parisienne.

C'EST MARSEILLE INCLUS

Outre le PSG, je suis particulièrement attentif à l'actualité de l'Olympique lyonnais et de l'AS Cannes, deux clubs qui ont beaucoup compté dans mon histoire personnelle. Lyon parce que c'est là où je vivais gamin, et que j'étais émerveillé de voir jouer Serge Chiesa, Fleury Di Nallo, Bernard Lacombe, Yves Mariot… Tous m'ont ouvert leurs portes et m'ont laissé les approcher. Ça marque. C'est en allant les voir que j'ai cultivé ma passion du football ; je voulais faire comme eux. Et quand je suis revenu plus tard à Gerland, l'ancien stade de l'OL, comme joueur puis comme entraîneur, ces émotions me sont toujours revenues. Quant à l'AS Cannes, c'est le premier club que j'ai entraîné.

Même si j'ai des clubs de cœur, je supporte toutes les équipes françaises sur la scène européenne. Particulièrement lorsque j'apprécie le travail fourni par les entraîneurs en place. C'est pourquoi je félicite encore Bruno Genesio, que j'apprécie beaucoup, et les Lillois, ainsi qu'Éric Roy et les Brestois pour ce qu'ils ont fait en Ligue des champions lors de la saison 2024-2025.

Quand je dis que je supporte toutes les équipes françaises, c'est Marseille inclus, bien entendu. En 1993, j'étais très heureux de la victoire de l'OM en Ligue des champions, la première pour un club français et la seule avant notre succès sur l'Inter Milan. Que ce soit Marseille, Paris ou une autre équipe, c'est la victoire qui compte, car ça tire le football français vers le haut. Et quand, deux ans plus tôt, l'OM avait perdu sa première finale, à Bari, contre l'Étoile rouge de Belgrade aux tirs au but, j'avais été d'autant plus malheureux que c'est un ami, Manuel Amoros, qui avait raté sa tentative. J'ai de bien trop belles relations avec des anciens joueurs marseillais – Basile Boli, Laurent Blanc, Éric Di Meco ou Jean-Pierre Papin – pour souhaiter du mal à l'OM. Ce serait même offenser la mémoire de mon ami marseillais Michel N'Gom, disparu dans un accident de voiture en 1984 à 25 ans, et avec qui j'ai gagné la Coupe de France en 1982 et en 1983 sous le maillot parisien.

Quand je me retrouve à analyser un Classique sur beIN Sports, je reste totalement neutre. Je ne supporterais pas que l'on me reproche d'avoir favorisé une équipe plus qu'une autre.

Que ce soit le PSG ou l'OM, qui ont pour l'heure des coachs étrangers, Lille, Nice, où Franck Haise fait aussi du bon boulot, ou tout autre club, j'espère voir un beau jour un autre entraîneur français remporter une coupe d'Europe avec un club de Ligue 1. Car je reste le seul dans ce cas, les victoires de l'OM en 1993 et du PSG en 2025 ayant été obtenues avec le Belge Raymond Goethals, et donc avec Luis Enrique. Plus globalement, je serais ravi que d'autres compatriotes gagnent des trophées européens à la tête de clubs étrangers, comme ont pu le faire Gérard Houllier à Liverpool et Zinédine Zidane au Real Madrid.

Si je devais comparer un PSG que j'ai connu avec celui sacré champion d'Europe fin mai, ce serait plutôt avec l'équipe ayant remporté le titre national en 1986. J'en étais le capitaine. Cette année-là, sous la conduite de Gérard Houllier – paix à son âme –, nous avions vécu des moments impossibles à retranscrire, tant ce fut magique du début à la fin. Nous pratiquions un beau football et tout s'enchaînait comme dans un rêve. Cette saison, qui baignait dans la joie de vivre, m'a marqué à vie.

Nous incarnions, comme c'est le cas avec le PSG 2025, ce que l'on appelle la « force d'un groupe ». Une force qui se concrétise par la constance sur toute une saison, alors qu'en 1996, parallèlement à la Coupe des coupes, nous avions laissé filer le titre de champion de France qui nous tendait les bras.

Bien sûr, les temps ont changé. Parce que, de nos jours, finir deuxième du championnat est déjà très satisfaisant pour un club : cela le qualifie pour la Ligue des champions et lui assure des rentrées financières importantes. À mon époque, seul le premier pouvait y participer la saison suivante. Et la situation économique du Paris Saint-Germain n'avait rien à voir avec celle de ces quatorze dernières années, depuis que le Qatar a racheté le club.

En 1995, je souhaitais, par exemple, faire venir Christian Karembeu, qui évoluait alors à Nantes, et Laurent Blanc, qui était lui à Saint-Étienne. Il y avait aussi David Trezeguet, qui s'était entraîné avec moi un moment et que je voulais conserver. Mais on ne me l'avait pas gardé ! Roberto Carlos aussi devait venir. Je l'avais eu au téléphone. Tout comme Samuel Eto'o. Si on m'avait donné ces cinq-là, il aurait pu se produire de grandes choses…

Malheureusement, ça n'avait pas été possible et je m'étais adapté. Je n'allais quand même pas dire : « Non, je n'entraîne pas parce que je n'ai pas eu les joueurs que je voulais. » Un entraîneur est d'abord là pour entraîner, pas pour se mêler des finances. Et il est bien obligé de tenir compte des moyens du club. Alors, quand Michel Denisot m'avait refusé ces recrues potentielles, j'avais évidemment poursuivi mon travail avec les joueurs dont je disposais. Une première Coupe d'Europe à la clé !

CHAPITRE 6

LE DEVOIR DE MÉMOIRE

L'éclatante victoire en finale de la Ligue des champions ne saurait effacer le passé. Au contraire, ce succès doit nous ramener à l'histoire du Paris Saint-Germain, depuis sa naissance en 1970 jusqu'au triomphe de 2025. Un exemple récent : si l'équipe actuelle a connu le succès en privilégiant le collectif aux stars, il n'en demeure pas moins que Kylian Mbappé fait bel et bien partie de l'histoire du club. Il est resté sept saisons et en est devenu le meilleur buteur avec 256 buts.

Plus globalement, si nous avons été comblés le 31 mai à Munich par la conquête du titre suprême, c'est bien parce que des personnes ont eu la volonté de créer un club à Paris, avec l'ambition de le voir rapidement faire partie de l'élite française, la Première division, comme on disait... Depuis, nous avons connu toutes les émotions possibles. Nous avons même failli descendre en Ligue 2, il n'y a pas si longtemps, en 2008 précisément. Rappeler ce qu'a été le PSG, son évolution, les personnes qui l'ont servi relève du devoir de mémoire. Je serai toujours prêt à raconter ce que j'y ai vu et vécu.

Les propos tenus par certains selon lesquels, avant l'ère actuelle, il n'y avait rien me sont insupportables. Avec moi, on n'effacera rien.

Je dois tout au PSG. Je ne serais pas là à vous en parler si je n'y avais pas été intégré en 1978. Je pense en premier lieu au responsable du centre de formation Pierre Alonzo – paix à son âme – qui a cru en moi. J'avais été recalé à Avignon qui, dans les années 1970, avait une bonne équipe de deuxième division ; elle était même montée dans l'élite. Puis Nancy me voulait. Je rêvais de jouer avec Michel Platini. Cela arrivera en équipe de France mais pas en Lorraine. Étant espagnol, et pas encore naturalisé, cela n'avait pas pu se faire ; la règle sur le nombre d'étrangers dans un club était stricte à l'époque. De son côté, l'Olympique lyonnais voulait bien me prendre mais sans me permettre d'aller au centre de formation.

C'est donc le Paris Saint-Germain qui m'a réellement donné ma chance. J'y suis arrivé sur la pointe des pieds. En train, puis en taxi pour trouver Saint-Germain-en-Laye et le Camp des loges, que je ne connaissais pas. Une fois installé, je me suis attaché à faire le moins de fautes possible sur le terrain, à être sérieux et appliqué. La formation, c'est déjà une compétition !

C'est allé assez vite pour moi et c'est encore Pierre Alonzo, alors qu'il faisait un intérim avec Camille Choquier à la tête de l'équipe première, qui m'a offert ma première titularisation en Division 1, le 11 octobre 1978, à tout juste 19 ans, contre… Nancy. J'avais obtenu le penalty transformé par Carlos Bianchi qui nous permettait de l'emporter (2-1). Pas mal pour une première. Quand tu es jeune, il ne faut pas la louper ta première !

Monsieur Alonzo m'a tout appris, y compris à me dépasser.

C'est grâce à ce club que je suis devenu ce que je suis, et que j'ai goûté à la sélection nationale. Dans le football, sans les autres, on n'est rien. Il faut le dire et le redire. Tout le monde écrit l'histoire. Celle du PSG a commencé avec les premiers présidents. Je les ai tous connus, y compris Daniel Hechter, même si je suis arrivé au PSG juste après lui, en 1978. C'est lui qui a fait passer un cap au club. Avec Just Fontaine comme entraîneur, Paris était monté en première division en 1974. Ah, Just Fontaine ! Le meilleur buteur de la Coupe du monde 1958 avec un record jamais battu de 13 buts sur une édition ; c'est une légende que j'ai pu rencontrer. À l'heure du titre européen, on ne peut pas ne pas avoir de pensées pour ces pionniers.

Daniel Hechter a aussi dessiné le maillot historique du club : bleu et rouge avec deux petites bandes blanches. S'il y a une tenue qui vient à l'esprit et a marqué son époque, c'est celle siglée RTL. Je sais que c'est un sujet pour les supporters mais l'évolution des maillots du PSG ne m'a jamais posé de problème. Je ne suis pas nostalgique. Ce qui compte, à mon sens, c'est que le nom du club reste bien associé aux couleurs. Le maillot de la finale de la Ligue des champions va sans aucun doute rester gravé dans les mémoires et prendre sa place dans l'histoire. Pour ma part, je n'ai gardé aucun des maillots que j'ai portés dans ma carrière. Je les ai tous donnés. Ceux du PSG comme ceux de l'équipe de France. Je ne me remémore pas mon parcours à travers les maillots. Je suis plus attaché à l'humain.

Dans le processus de lancement du club, Jean-Paul Belmondo a eu son importance. Il a influé quand il a fallu signer l'acte de naissance du véritable Paris Saint-Germain. Je l'ai croisé de temps en temps dans les vestiaires. Sans lui, sans Daniel Hechter, sans les quelques personnes formant cette base solide, le PSG n'aurait pas son succès d'aujourd'hui.

Après Daniel Hechter, Francis Borelli a pris la présidence du club. Il l'a gardée plus de treize ans. Un personnage ! Il restera pour toujours mon président adoré, celui qui me disait : « Tu es mon fils. » Il a fait énormément pour moi. Enthousiaste et bienveillant, il ne pouvait laisser insensible. Tout cela faisait forcément écho à ma vie. Moi qui avais perdu mon père à l'âge de 6 ans. Moi qui étais espagnol de naissance avant de passer mon enfance et mon adolescence à Lyon, aux Minguettes, où ma mère disait toujours à ses enfants que l'on devait remercier la France de nous avoir accueillis et aidés. Tout cela a décuplé ma fierté quand j'ai reçu ma première convocation en équipe de France, en novembre 1982.

J'ai retrouvé Francis Borelli quelques années plus tard à l'AS Cannes, puisque le hasard a voulu qu'il arrive là-bas quand je terminais ma carrière de joueur. Et de nouveau, il a été important pour moi puisque, là aussi devenu président du club, il m'a proposé le poste d'entraîneur alors que j'étais encore joueur, en cours de saison 1992-1993. Le groupe m'a accepté dans ce nouveau rôle, et c'est ainsi que j'ai commencé à entraîner, avec succès puisqu'en fin de saison, nous montions en Première division et, l'année suivante, nous nous qualifiions en Coupe de l'UEFA.

Je vous parle de Cannes, mais l'image que l'on garde tous de Francis Borelli, c'est celle où on le voit embrasser la pelouse du Parc des Princes après notre victoire en Coupe de France 1982 contre l'AS Saint-Étienne. Le Parc, c'était son jardin et c'est devenu le mien. Aussi bien avec le Paris Saint-Germain qu'avec l'équipe de France. J'y ai grandi, franchi toutes les étapes. Bien sûr, je m'y rends toujours régulièrement. À l'époque où je débutais en pro, il fallait que les résultats soient au rendez-vous pour espérer garnir un tel stade.

J'AURAIS AIMÉ RECEVOIR LA LÉGION AU PARC

Hormis mon premier match, le souvenir le plus fort que j'ai du Parc comme joueur, c'est lorsque les supporters sont massivement entrés sur le terrain après notre égalisation à 2-2 durant la folle finale de la Coupe de

France que l'on gagne aux tirs au but face aux Verts. Aucune agressivité, que du bonheur, pas le moindre incident. Tout le monde avait rapidement repris sa place pour permettre au match d'aller à son terme. Pour moi, c'est là que tout a commencé, que j'ai vraiment vu naître l'ambiance populaire si chaude et si spéciale de ce stade. Celle que l'on a appréciée tout au long de l'aventure en Ligue des champions ayant mené au sacre européen en mai. Avec ce parcours, ce que représente le Parc est encore plus puissant. Il était totalement rempli pour la diffusion sur quatre écrans géants de la finale contre l'Inter Milan. Puis, le lendemain, pour les célébrations.

C'est là, au Parc, que j'aurais voulu recevoir la Légion d'honneur, mais ça n'a pas été possible pour diverses raisons. Du coup, la cérémonie s'est tenue à l'hôtel de ville de Paris début 2024, et c'était très bien. Michel Platini me l'a remise en présence de beaucoup de personnalités, du football en particulier, ce qui m'a fait chaud au cœur. Mustapha Dahleb a eu la classe de faire un aller-retour depuis Alger pour être là. C'est une icône du PSG, d'une simplicité rare. À ne jamais oublier, lui non plus.

Plein d'autres joueurs ont été importants dans l'évolution du club. Dans mon album souvenir, en plus de Dahleb, je range spontanément Sarr Boubacar, Nambatingue Toko, Jean-Marc Pilorget, Safet Sušić, Ivica Šurjak, Dominique Bathenay, Dominique Rocheteau… À propos de ces deux derniers, « Babat » et « l'Ange vert », je les avais vus, et supportés, avec l'ASSE devant ma télé lors de la finale de la Coupe des champions 1976 perdue d'un rien contre le Bayern Munich à Glasgow (1-0). Et comme par magie, ils étaient là, en vrai, devant moi. Encore un cadeau du Paris Saint-Germain.

Je pense également très fort à ceux qui ne sont plus de ce monde mais qui ont porté dignement les couleurs du PSG. Jean-Pierre Adams notamment. Parmi ceux que j'ai cités, et j'aurais pu en nommer encore beaucoup, figure Jean-Marc Pilorget. Avant que Marquinhos ne le dépasse, il était le joueur ayant disputé le plus de rencontres officielles avec Paris (435). Voilà encore quelqu'un qui a beaucoup compté pour Paris, dont on doit se souvenir. Jean-Marc était très doué techniquement. Il n'a pas connu l'équipe de France à une période où, à son poste, en défense, il y avait du beau monde : Patrick Battiston, Maxime Bossis, Manuel Amoros… Néanmoins, il n'a pas été étranger à notre premier titre de champion en 1986. Et quand on se revoit au Parc des Princes, c'est toujours un moment sympa.

Côté entraîneurs, ma première pensée va à Georges Peyroche qui m'a permis de vraiment me lâcher et de faire partie de l'équipe qui a remporté le premier trophée du club en 1982. Le premier titre de champion de France, inoubliable, en 1986, c'était avec Gérard Houllier. C'est lui qui m'a donné le brassard de capitaine du PSG.

Lors de l'avant-dernier match du championnat, à Metz, alors que tout était joué, j'étais sur le banc quand Joël Bats s'est blessé. Il n'y avait pas de gardien remplaçant et Gérard m'avait demandé d'aller disputer la seconde mi-temps dans les buts. Parfois, à l'entraînement, j'adorais me mettre dans les buts. Du coup, je ne me m'étais pas posé de question. J'y étais allé et j'avais même effectué un bel arrêt. Le plus drôle, c'est que grâce à ce match-là, j'avais obtenu les trois étoiles qui m'avaient permis d'assurer ma victoire au classement de l'Étoile d'or *France Football* du meilleur joueur du championnat de France ! Si je n'étais pas rentré à la place de Joël Bats, le milieu lavallois Patrick Delamontagne me passait devant !

LE GÂCHIS ANELKA, MA PASSION POUR CAVANI

L'attachement des supporters, qu'ils soient anciens ou nouveaux, émane aussi de cette histoire. Et c'est cette histoire qui transpire au Parc des Princes et qui permet de remplir cette magnifique enceinte.

Ces dernières années, on a y vu des joueurs d'un niveau hallucinant, comme Marco Verratti et Neymar. Le milieu italien avait une aisance technique fabuleuse, c'était un diamant. Quant à Neymar, ce qu'il est capable de réaliser avec un ballon est hors du commun. Malheureusement, quand on voit comment les choses ont évolué pour eux, surtout pour le Brésilien, un sentiment de gâchis prédomine et c'est profondément agaçant.

À propos de gâchis, je peux aussi évoquer Nicolas Anelka. C'est moi qui l'ai lancé en Division 1, en février 1996. Nicolas était très jeune, même pas 17 ans, et il avait toutes les qualités requises d'un futur très grand attaquant. Moins d'un an plus tard, il quittait le club, où je n'étais plus – Ricardo m'avait succédé – et signait à Arsenal. C'est là que sa carrière a décollé. Mais là encore, il a préféré partir et signer au Real Madrid où ça ne s'est pas passé comme espéré. C'est dans ce contexte qu'il est revenu au PSG.

Et c'est dans ce contexte aussi que nos routes se sont à nouveau croisées. J'étais revenu pour remplacer Philippe Bergerôo à la demande d'Alain Cayzac et de Charles Biétry. Sauf que le président délégué Laurent Perpère avait voulu installer un « projet jeunes » avec des garçons pétris de talents, comme Peter Luccin, Stéphane Dalmat, et donc Nicolas Anelka ! Grave erreur. Dans une équipe, on ne doit jamais donner le pouvoir aux jeunes. Interdit ! Il faut des anciens pour les encadrer. Évidemment, ça n'a pas marché. En situation d'échec à son retour du Real Madrid, il fallait que Nicolas Anelka refasse surface, et ça n'a pas été simple. Nos relations se sont distendues. J'avais été le premier à lui donner sa chance, mais la reconnaissance, la mémoire et tout ce qui va avec n'existaient pas – et je constate, hélas, que cela existe de moins en moins. Voilà pourtant un garçon qui pouvait faire largement mieux. Il avait les moyens de marquer l'histoire du PSG.

Sur le plan technique, celui qui avait tout, c'est Javier Pastore. Et ce qui est appréciable avec lui, c'est l'attachement qu'il manifeste toujours pour le club. Il est même allé en tribune avec les supporters lors de l'épopée en Ligue des champions. Pastore, c'est le début de l'ère qatarienne.

L'un des plus exemplaires à cette période-là, c'est Edinson Cavani. Voilà typiquement le genre de joueur que Luis Enrique aurait apprécié avoir sous ses ordres tant il n'est pas avare d'efforts. Et l'Uruguayen se serait régalé dans l'équipe actuelle. Il est resté un moment le meilleur buteur de l'histoire du club avec 200 buts, avant d'être dépassé par Kylian Mbappé. Ça veut dire quelque chose, non ? Les supporters l'ont toujours aimé et c'est normal. Son comportement était incritiquable. Il a pourtant été obligé de quitter son poste d'avant-centre pour laisser la place à Zlatan Ibrahimović. À droite, à gauche, devant : Edinson Cavani ne rechignait jamais. Il était même capable de tirer les coups de pied arrêtés, et plutôt bien, comme ce coup franc égalisateur au stade Vélodrome lors de la saison 2017-2018. Il était titulaire indiscutable en équipe d'Uruguay et, pour moi, il l'aurait été dans toutes les grandes sélections, y compris avec les Bleus. Je le place tout en haut de mon panthéon du PSG, avec Marquinhos,

George Weah, Raí, Safet Sušić, Dominique Rocheteau et bien entendu Mustapha Dahleb.

On l'a dit, c'est Raí qui a été élu en 2020 meilleur joueur de l'histoire du PSG. Pourquoi pas ! Quand je suis arrivé comme entraîneur, le club voulait le faire partir car il venait de connaître une première saison difficile. Mais avec le préparateur physique Tiburce Darou, nous l'avions bien retapé. Une fois remis en jambes, il a brillé par son sens du placement, ses facultés d'anticipation et sa vision du jeu.

Qu'il s'agisse des joueurs, des entraîneurs, des dirigeants, des supporters, des maillots, c'est l'ensemble de ce passé, proche ou plus lointain, qui éclaire le présent. Il ne faut jamais cesser de valoriser l'histoire. Ce n'est pas toujours le cas en France, où l'on n'a pas la culture de la reconnaissance. Je le regrette. C'est aussi ce qui explique que les clubs français intègrent rarement des anciens dans leur organigramme, contrairement à ce qui se fait en Allemagne ou en Angleterre, où il leur est souvent confié des rôles d'ambassadeur.

Autant je ne me vois plus entraîner, autant je me verrais bien occuper ce genre de fonction au Paris Saint-Germain. Malheureusement, ça n'intéresse pas les dirigeants.

CHAPITRE 7

UN FUTUR À CONSOLIDER

Avec le président Nasser Al-Khelaïfi, c'était un peu tendu lors des derniers matchs de la saison. La vérité, c'est qu'il n'a pas apprécié mes commentaires sur le Ballon d'or. J'avais été sollicité par un média espagnol sur le choix possible qu'il pourrait y avoir à faire entre Yamine Lamal, du FC Barcelone, et Ousmane Dembélé. À ce moment-là, on me demande mon avis en tant que consultant beIN Sports depuis 2013, et expert. La Ligue des champions n'était pas terminée et j'ai répondu que Lamal avait peut-être pris un peu d'avance. Nasser l'a mal pris…

Pourtant, le président ne peut pas m'accuser d'être anti-PSG ! Je suis même l'un des seuls consultants dans les médias à avoir toujours affirmé, en observant le travail de Luis Enrique et de son staff, que ça finirait probablement par payer.

Je n'avais pas la certitude que ce serait dès cette année, bien que passer difficilement une première phase – mais la passer quand même – est souvent bon signe pour la suite. En revanche, je pensais que ce pouvait être pour la suivante.

Pour en revenir au Ballon d'or et à la question que l'on me posait, je trouve qu'Achraf Hakimi méritait d'être mentionné parmi les lauréats potentiels.

La question est de savoir exactement ce que représente en 2025 ce trophée. Son évolution fait-elle qu'il existe désormais prioritairement pour le marketing et le merchandising ? On a pu le croire quelques années, quand Andrés Iniesta, Xavi, Wesley Sneijder ou Franck Ribéry ne l'ont pas emporté alors qu'ils y prétendaient légitimement. En revanche, j'ai applaudi lorsque le Ballon d'or 2024 est revenu à Rodri, même si Vinicius aurait fait aussi un beau vainqueur. Rodri avait été monumental avec Manchester City et sa sélection nationale, victorieuse de l'Euro.

D'ailleurs, son absence a été cruellement ressentie par City après sa blessure la saison dernière, la première vierge de titre depuis bien longtemps pour son club.

Peut-être serait-il plus pertinent pour désigner le Ballon d'or de réunir les anciens vainqueurs, et de les laisser débattre jusqu'à ce qu'ils désignent un nom. C'est un peu ce qui est organisé pour le Trophée du joueur français de l'année, où tous les anciens lauréats sont appelés à voter, ce que je fais moi-même puisque je l'avais remporté en 1985.

Que ma relation avec Nasser soit tendue ou non, ce n'est pas pour autant que je suis critique avec le Qatar depuis qu'il a racheté le PSG. Car, objectivement, ce fut une bonne chose, tant le Paris Saint-Germain connaissait alors une période de doutes. Il fallait trouver une solution pour repartir de l'avant, imaginer une nouvelle animation pour le club, en recréant une dynamique et en faisant revivre le Parc des Princes. C'est ce qui a été fait. Assez rapidement, la prise de contrôle par Qatar Sports Investments a redonné de la crédibilité au PSG.

Aussi, doit-on avoir peur du jour où, éventuellement, le Qatar se retirerait ? À l'évidence, le Paris Saint-Germain perdrait gros. Cependant, au regard de ce qu'est devenu le PSG, je ne m'inquiéterais pas trop. Des investisseurs seraient à coup sûr intéressés pour récupérer un tel club. Avec toujours cet avantage du rayonnement de Paris, ville lumière.

Pour la Ligue 1, on parle de domination trop écrasante à cause des moyens financiers illimités du Qatar. Moi, je ne pense pas que ce soit un problème. Au contraire. La puissance du PSG devrait donner une motivation supplémentaire à d'autres équipes et tirer tout le monde vers le haut, sachant que Paris a déjà perdu trois fois le championnat durant l'ère qatarienne, au profit de Montpellier en 2012, de Monaco en 2017 et de Lille en 2021.

Bien sûr, Paris a des moyens nettement supérieurs aux autres. Mais certains clubs ne savent pas toujours bien gérer les leurs. Et au lieu de se retrouver à 20 points du Paris Saint-Germain au classement du championnat de France, ils pourraient peut-être se rapprocher à cinq ou six longueurs… en espérant un faux pas, ou une moins bonne saison parisienne, pour saisir l'opportunité de passer devant. Comme Montpellier, Monaco et Lille ont donc su le faire.

Cependant, quand je vois où se retrouvent les Girondins de Bordeaux, en National 2, ou même quand j'observe les difficultés qu'a eues l'Olympique lyonnais avec la Direction nationale du contrôle de gestion des clubs pour rester en Ligue 1, je me demande, dans les deux cas, ce qu'ils ont fait de leur argent ! Et puis la bonne gestion d'un club n'est pas qu'une question de finances, elle est sportive aussi. Notamment au niveau des jeunes. C'est primordial.

NE PLUS PERDRE LES MEILLEURS JEUNES

Avant Luis Enrique, le PSG ne regardait pas beaucoup évoluer ses jeunes et nombreux parmi eux sont allés faire de belles carrières ailleurs. Notamment à l'étranger, comme Kingsley Coman qui marque le seul but de la finale de la Ligue des champions 2020, perdue par Paris contre le Bayern Munich à Lisbonne (1-0).

On peut aussi se demander pourquoi un gardien de but de la trempe de Mike Maignan a quitté Paris pour aller à Lille, et passer ensuite à l'AC Milan ? Ou comment un garçon comme Christopher Nkunku, vainqueur de la Coupe du monde des clubs avec Chelsea, a pu partir ? Idem pour Moussa Diaby, maintenant en Arabie saoudite après avoir brillé à Aston Villa.

Tous ont été formés au Paris Saint-Germain, et il y en a beaucoup d'autres. Longtemps, la fuite des jeunes talents du PSG a été la norme.

Cette fois, avec Senny Mayulu, buteur en finale contre l'Inter seulement quelques minutes après son entrée en jeu, et Ibrahim Mbaye, qui était sur la feuille de match, je veux croire que le phénomène inverse est en marche et que Paris va de mieux en mieux gérer l'éclosion des meilleurs jeunes formés au club.

S'il faut s'attacher à ne pas perdre nos plus grands talents en devenir, et cesser de les former au profit d'autres clubs amenés à concurrencer le PSG, je suis en revanche favorable aux prêts. Non pas pour éloigner un joueur. Mais, au contraire, à la condition que ce soit géré dans l'optique d'un véritable retour. C'est la politique du Real Madrid à ce sujet. Via des clauses, le club formateur est sécurisé et garde la priorité pour bénéficier à terme des services du joueur prêté, après qu'il s'est aguerri un an ou deux dans une équipe où la concurrence moindre lui permet d'être plus régulièrement aligné.

Je trouve que la question aurait pu se poser pour Warren Zaïre-Emery, encore très jeune et premier suppléant pour un poste de milieu de terrain de l'intouchable trio João

Neves-Vitinha-Fabián Ruiz. Initialement, Warren avait gagné sa place. Il s'est même retrouvé en équipe de France où une importante blessure à la cheville l'a arrêté dans sa progression. C'est arrivé lors de sa première sélection en novembre 2023, à 17 ans et demi, un âge qui en a fait le plus jeune international français de l'histoire. J'en ai parlé avec lui. Il n'a pas encore retrouvé toute son aisance à la suite de cette blessure. Je lui ai conseillé de ne rien précipiter, pour ne surtout pas se blesser à nouveau, ne pas rechuter. Avec le temps ça va passer. Il a encore sa carrière devant lui.

J'aime bien le petit Warren Zaïre-Emery. Il parle peu, il est humble et il a assurément un bon entourage, ce qui lui évite de faire la gueule quand il est sur le banc de touche. J'ai également de bons échanges avec Ousmane (Dembélé) ou Achraf (Hakimi), mais franchement je les aime tous. Ils sont naturellement réceptifs et gentils avec moi, tout en étant pour quelques-uns dans la retenue, ce que je comprends, n'étant pas certain qu'ils me connaissent vraiment, bien que mon portrait soit affiché au deuxième étage du Parc des Princes.

ENTRETENIR LA DYNAMIQUE

Au cœur de ce milieu de terrain qui a été énorme lors de la finale de Munich, Vitinha a une histoire un peu singulière. Arrivé en 2022 comme Ruiz, alors que Neves n'est là que depuis 2024, il aurait été pris en grippe et tourmenté à l'entraînement par Lionel Messi, encore au PSG cette année-là, selon ce que l'on m'a rapporté. Et ce n'était manifestement pas simple pour lui… Pour savoir précisément ce qu'il s'est passé, il aurait fallu être à l'intérieur. Néanmoins, c'est sûr, il a souffert. Bien entendu, si l'ambiance n'est pas bonne aux entraînements, c'est compliqué ensuite.

Loin de ces déboires, le n° 17 portugais du PSG aurait pu prétendre lui aussi cette année au Ballon d'or après une saison aboutie, y compris avec la sélection du Portugal victorieuse de la Ligue des nations. Il est un animateur majeur du jeu, par sa qualité technique et son intelligence sur le terrain. En deux saisons, il s'est libéré et complètement transformé, parce qu'après le départ de Messi on l'a laissé tranquille. L'animation voulue par Luis Enrique nécessite d'avoir sous la main ce genre de joueur qui comprend parfaitement ce qu'on lui demande. Un joueur qui n'est pas là dans un simple intérêt individuel. C'est exactement son cas, tout comme ses compères du milieu. Aucun ne fait n'importe quoi, tous ont la bonne vision du ballon à transmettre au coéquipier.

Le milieu de terrain parisien est un modèle du genre qui empêche l'adversaire de respirer et d'attendre que l'étreinte se desserre, car elle ne se desserre jamais. Pour moi, le milieu, c'est la priorité dans la bonne organisation d'une équipe. Mais dans le football, tout est lié. Et si ce milieu parisien récupère autant de ballons et les redistribue avec une telle efficacité, c'est parce que les attaquants font le premier pressing sur la relance adverse. Et au PSG, ils le font bien. Luis Enrique ne l'entend pas autrement, contrairement à ce qui se passe au Real avec Mbappé et Vinicius.

La décision d'écarter Gianluigi Donnarumma a dû être difficile à prendre, mais Luis Enrique l'a parfaitement assumée en précisant bien que c'était son choix. L'Italien restera le gardien de but avec lequel le Paris Saint-Germain a gagné la Ligue des champions. Mais en recrutant Lucas Chevalier, le club s'est attaché les services d'un nouveau très bon gardien, dégageant de la sérénité au pied et dans ses sorties. Si on ne touche pas trop à cette équipe parsienne, elle peut rester longtemps au sommet. Cela ne signifie pas qu'il ne peut pas y avoir une ou deux modifications parmi certains titulaires insatisfaits de leur contrat, ou chez des remplaçants qui voulaient, ou voudraient encore, partir pour obtenir plus de temps de jeu, mais le plus important est de préserver et d'entretenir la dynamique. Il faut être très attentif à ne pas la dérégler. Je sais que Luis Enrique et Campos ont cette envie de ne pas trop retoucher à leur groupe, admirable aussi dans le sens où ceux qui jouent moins vont de l'avant comme tout le monde. Ce serait trop désagréable de perdre un tel acquis, obtenu après de longs mois de travail.

Cela dit, n'importe quel grand club passe par des périodes de creux. Ce qui n'est sans doute pas le cas d'un Paris Saint-Germain tout justé arrivé au sommet.

QUEL STADE DEMAIN ?

J'ajoute qu'il faut savoir rester mesuré. Bien sûr que le PSG est un grand club, mais il n'a pas encore un rayonnement comparable, malgré sa victoire éclatante sur l'Inter, à des monuments de l'histoire du football, comme le FC Barcelone, le Real Madrid, Liverpool, Manchester United, le Bayern Munich, l'AC Milan ou même l'Inter Milan, malgré sa déroute en finale.

Après s'être doté d'un centre d'entraînement digne des plus grands, la suite de l'expension du Paris Saint-Germain passe par le stade.

Je ne vois pas le PSG jouer ailleurs qu'au Parc des Princes. C'est sa maison depuis toujours. Si on peut agrandir le Parc, j'en serais heureux, mais si on ne peut pas… C'est toute la question. Est-ce qu'un stade de 50 000 places reste suffisant pour un champion d'Europe ? Et plus encore, est-il réellement possible d'augmenter la capacité d'accueil du Parc des Princes avec le périphérique à côté, et des fondations qui, selon ce que j'ai pu en savoir, ne supporteraient pas forcément des affluences encore plus importantes ? On m'a dit qu'avec 20 000 spectateurs de plus, il y aurait un danger d'écroulement. Donc, évidemment, il n'y a aucun risque à prendre.

Dans ces conditions, s'il faut passer à une enceinte de 80 000 places, que ce soit à Poissy ou Massy, OK. Je respecterais l'idée et la volonté des dirigeants. Mais pour la plupart des gens, le Parc c'est sacré. Je suis de cet avis. À tel point que je ne sais pas si je parviendrais à aller voir jouer le PSG ailleurs qu'au Parc des Princes. Assurément, ce serait très compliqué pour moi. J'irais en tant que consultant pour beIN, oui, bien sûr, mais franchement je n'irais pas à titre personnel.

Au Parc, les gens se sentent bien, l'ambiance est bonne et les joueurs apprécient.

De toute façon, pour l'instant, aucune décision n'est prise. Je sais que les Qatariens veulent acquérir le Parc des Princes pour le faire évoluer, mais j'ignore quelle est la teneur exacte des relations entre la direction du club et la mairie de Paris, qui ne semble pas être vendeuse en dessous d'un certain prix élevé. Ce que la direction du PSG ne peut accepter. Sans doute faudra-t-il attendre que les prochaines élections municipales (mars 2026) soient passées pour y voir plus clair.

LA COHABITATION AVEC LE PARIS FC

En attendant, ce que l'on peut dire, c'est que le Parc des Princes n'a nullement empêché le PSG d'aller chercher « sa » Ligue des champions. C'est au Parc que la victoire de Munich s'est construite tour par tour.

Si le Paris Saint-Germain finit par quitter le Parc des Princes, peut-être que le Paris FC, promu en Ligue 1 avec des moyens importants et de belles ambitions, sera demandeur pour le récupérer tel qu'il est. On peut même se demander si, à terme, le PSG et le PFC ne pourraient pas s'y produire en alternance. Actuellement, c'est impossible. Après des années en Ligue 2 à Charléty, le Paris FC est désormais au stade Jean-Bouin, qui jouxte quasiment le Parc. Mais si ça venait à se mettre en place, qui en serait gêné ?

Le Paris SG et le Paris FC entretiennent de bonnes relations et c'est quelque chose à maintenir, ne serait-ce que pour permettre au derby PSG-PFC, deux fois par an en Ligue 1, de se disputer dans les meilleures conditions, avec une rivalité saine entre les supporters. Un derby doit être une fête. Et que Paris dispose de deux équipes en L1 est une bonne chose. C'est le cas dans la plupart des capitales européennes, particulièrement à Londres avec pas moins de six clubs en Premier League : Chelsea, Arsenal, Tottenham, West Ham, Crystal Palace et Fulham. En Espagne, il y a à Madrid le Real, l'Atlético et le Rayo Vallecano, en Italie l'AS Roma et la Lazio se concurrencent à Rome. C'est aussi vrai dans certaines grandes villes comme à Barcelone avec le Barça et l'Espanyol, à Turin avec la Juventus et le Torino, à Milan avec l'Inter et l'AC Milan, à Liverpool avec Everton et le Liverpool FC, à Manchester avec City et United, à Glasgow avec le Celtic et les Rangers, à Lisbonne avec Benfica et le Sporting, etc. Et quand il s'agit d'un stade partagé, les supporters vont voir jouer leur équipe sans souci.

À Paris, il y a également des projets ambitieux au Red Star et même à Créteil. Qui sait si on ne les retrouvera pas, eux aussi, en Ligue 1 à l'avenir.

Le PFC travaille intelligemment, avec une direction bien accompagnée par l'actionnaire, Antoine Arnault, ainsi que par Red Bull, ce qui n'est pas rien. Je connais le président Pierre Ferracci, que j'avais rencontré quand des amis souhaitaient investir dans son club. Je connais aussi la famille Arnault (LVMH), qui souhaite faire du Paris FC le second grand club parisien. C'est une nouvelle aventure dont on mesurera assez rapidement la solidité, et à laquelle mon ami Raí est associé, avec un rôle de conseiller. Il apporte son expérience. Je trouve cependant que sa vraie place était au PSG et non au PFC, si les dirigeants du Paris Saint-Germain l'avaient souhaité.

Pour ma part, même si la porte du PSG est fermée, je ne suis pas candidat pour intégrer le PFC. Ce n'est même pas un sujet abordé avec Raí. Quand on se voit, on n'en parle pas et je ne veux surtout pas m'immiscer dans quoi que ce soit. Mais en football, on ne sait jamais ce qui peut arriver. Alors si un jour on me sollicite du côté du Paris Football Club et que le Paris Saint-Germain ne me propose rien, j'y réfléchirai.

JE POURRAIS ÊTRE LE CAMPOS DE ZIDANE

Pour l'heure, je trouve positif ce que cherche à faire le Paris FC en voulant ratisser large auprès des jeunes talents de l'Île-de-France. Le vivier est formidable. Si tu regardes bien et que tu cherches bien, tu trouves. Il faut une bonne organisation, département par département, avec un responsable et cinq ou six scouts.

C'est de la pure gestion sportive et c'est ce qui m'intéresse d'analyser chez les clubs qui réussissent. Quand cette gestion est saine, propre, et que tout le monde tire dans le même sens, ça marche. C'est enfin ce qui est arrivé au Paris Saint-Germain, où le président Nasser Al-Khelaïfi a eu le mérite de laisser travailler Luis Enrique, soutenu par Luis Campos, le directeur sportif. Or, l'un des secrets de la réussite, c'est précisément quand l'entraîneur et le directeur sportif travaillent main dans la main. Les joueurs le voient et ils savent qu'ils n'auront pas loisir de se plaindre de ceci ou de cela auprès de l'un des deux au détriment de l'autre.

Avoir pu réunir Luis Campos et Luis Enrique est une réussite de Nasser. Le recrutement de joueurs effectué par le Portugais est validé par l'Espagnol et tous deux sont ensemble avant et après chaque match.

Quand j'ai entraîné le PSG, à deux reprises (1994-1996 et 2000-2003), j'aurais aimé trouver quelqu'un d'aussi proche pour travailler en duo comme le font Campos et Enrique. C'est quelque chose que je pourrais proposer à Zinédine Zidane s'il prenait, comme on s'y attend, la suite de Didier Deschamps à la tête de l'équipe de France après la Coupe du monde 2026 coorganisée par le Canada, les États-Unis et le Mexique. Zizou, je l'ai découvert à Cannes quand j'étais encore joueur ; je le ramenais parfois en voiture à son foyer. Je pourrais être son Luis Campos. Il pourrait compter sur moi. Ainsi, je l'aurais vu commencer dans le football et il me verrait finir.

ANNEXES

LUIS FERNANDEZ

Né le 2 octobre 1959, **à** Tarifa (Espagne)

Carrière de joueur

Poste : milieu

Clubs : Paris Saint-Germain (1978-1986), Matra Racing (1986-1989), AS Cannes (1989-1993)

Équipe de France : 60 sélections, 6 buts (1982-1992)

Palmarès : Championnat de France 1986, Coupe de France 1982 et 1983, Euro 1984, Coupe intercontinentale des nations 1985, Tournoi de France 1988

Distinctions individuelles : Joueur français de l'année *France Football* 1985, Étoile d'or *France Football* 1986

Bilan avec le PSG : 273 matchs, 39 buts

Carrière d'entraîneur

Clubs : AS Cannes (1993-1994), Paris Saint-Germain (1994-1996), Athletic Bilbao (1996-2000), Paris Saint-Germain (2000-2003), Espanyol de Barcelone (2003-2004), Al-Rayyan SC (2005), Beitar Jérusalem (2005-2006), Betis (2006-2007), Stade de Reims (2009), Israël (2010-2011), Guinée (2015-2016)

Palmarès : Coupe d'Europe des vainqueurs de coupe 1996, Coupe de France 1995, Coupe de la Ligue 1995, Trophée des champions 1995, Coupe Intertoto 2001

Distinctions individuelles : meilleur entraîneur de première division 1994, entraîneur français de l'année 1993

Bilan avec le PSG : 244 matchs ; 127 victoires, 58 nuls, 59 défaites

MON ÉQUIPE TYPE

Gardien : Joël Bats

Défenseurs centraux : Bruno Ngotty, Marquinhos, Jean-Marc Pilorget

Milieux latéraux : Achraf Hakimi et Nuno Mendes

Milieu défensif : Thiago Motta

Milieu offensif : Raí ou Safet Sušić ou Ronaldinho

Ailier droit : Dominique Rocheteau

Avant-centre : Ousmane Dembélé ou George Weah

Ailier gauche : Mustapha Dahleb

Remplaçants : Bernard Lama (gardien), Dominique Bathenay, Vincent Guérin, Daniel Bravo, Edinson Cavani, Ousmane Dembélé ou George Weah, Raí ou Safet Sušić ou Ronaldinho.

Mon équipe type s'étale sur les différentes époques du PSG, avec tout de même quatre joueurs du sacre européen de 2025. Je laisse aussi le soin à mes amis supporters de choisir le n° 10 entre Raí, Sušić et Ronaldinho, et l'avant-centre entre Dembélé et Weah.

C'est difficile de ne ressortir que onze noms, surtout en respectant les postes, et j'ai donc prévu quelques remplaçants, ce qui donne un groupe de 19 joueurs dont deux gardiens ! J'ai retenu trois défenseurs centraux avec deux latéraux qui jouent haut comme savent si bien le faire Hakimi et Mendes, ce qui donne un bon 3-4-3.

PARCOURS DU PSG LORS DE LA LIGUE DES CHAMPIONS 2024-2025

Phase de championnat

1re journée
18 septembre 2024
PSG-Gérone : 1-0
Parc des Princes (39 951 spectateurs)
Arbitre : D. Siebert
But : Gazzaniga (csc 90e)

PSG : Safonov – Hakimi, Marquinhos, Pacho, Mendes – Zaïre-Emery, Vitinha (Lee 63e), Ruiz (Neves 63e) – Dembélé (Beraldo 90e), Asensio (Kolo Muani 39e), Barcola (Doué 63e). Entraîneur : Luis Enrique.

Gérone : Gazzaniga – Gutiérrez, Krejčí, Lopez, Martínez – Van de Beek (Danjuma 58e), Romeu, Martín (Solis 66e) – Tsygankov

(Frances 88e), Gil (Asprilla 66e) – Stuani (Portu 58e). Entraîneur : Michel Sanchez Muñoz.

2e journée
1er octobre 2024
Arsenal-PSG : 2-0
Emirates Stadium (60 100 spectateurs)
Arbitre : S. Vinčić
Buts : Havertz (20e), Saka (35e)

Arsenal : Raya – Timber (Kiwior 46e), Saliba, Gabriel, Calafiori – Saka (Lewis-Skelly 92e), Partey (Merino 64e), Rice, Martinelli – Havertz, Trossard (G. Jesus 74e). Entraîneur : Mikel Arteta.

PSG : Donnarumma – Hakimi, Marquinhos, Pacho, Mendes – Zaïre-Emery, Vitinha (Ruiz 64e), Neves – Barcola, Lee, Doué (Kolo Muani 64e). Entraîneur : Luis Enrique.

3e journée
22 octobre 2024
PSG-PSV Eindhoven : 1-1

Parc des Princes (47 511 spectateurs)

Arbitre : G. Nyberg

Buts : Hakimi (55e) ; Noa Lang (34e)

PSG : Donnarumma – Hakimi, Pacho, Marquinhos, Mendes – Zaïre-Emery (Mayulu 81e), Neves, Ruiz (Vitinha 59e) – Dembélé (Doué 81e), Lee (Asensio 68e), Barcola. Entraîneur : Luis Enrique.

PSV Eindhoven : Benítez – Dams, Boscagli, Flamingo, Mauro Júnior – Saibari (Ledezma 84e), Tillman, Til – Lang (Driouech 65e), De Jong, Bakayoko (Babadi 83e). Entraîneur : Peter Bosz.

4e journée

6 novembre 2024

PSG-Atlético de Madrid : 1-2

Parc des Princes (47 369 spectateurs)

Arbitre : S. Marciniak

Buts : Zaïre-Emery (14e) ; Molina (18e), Correa (93e)

PSG : Donnarumma – Hakimi, Marquinhos, Pacho, Mendes – Zaïre-Emery (Kolo Muani 73e), Vitinha, Neves (Ruiz 67e)

– Dembélé (Doué 90e), Barcola, Asensio (Lee 67e). Entraîneur : Luis Enrique.

Atlético de Madrid : Oblak – Molina, Witsel, Lenglet, Galan (Reinildo 60e) – Simeone (Riquelme 60e), De Paul (Koke 60e), Barrios, Gallagher (Lino 78e) – Griezmann, Álvarez (Correa 67e). Entraîneur : Diego Simeone.

5e journée

26 novembre 2024

Bayern Munich-PSG : 1-0

Allianz Arena (75 000 spectateurs)

Arbitre : I. Kovács

But : Kim (38e)

Expulsion : Dembélé (56e)

Bayern Munich : Neuer – Davies, Upamecano, Kim, Laimer – Kimmich, Goretzka, Sané (Olise 71e), Musiala (Müller 77e), Coman (Gnabry 72e) – Kane. Entraîneur : Vincent Kompany.

PSG : Safonov – Hakimi, Marquinhos, Pacho, Mendes – Neves, Vitinha, Ruiz (Asensio 83e), Zaïre-Emery (Lee 65e)

– Barcola (Ramos 72e), Dembélé. Entraîneur : Luis Enrique.

6e journée

10 décembre 2024

RB Salzbourg-PSG : 0-3

Red Bull Arena (25 065 spectateurs)

Arbitre : M. Oliver

Buts : Ramos (30e), Mendes (72e), Doué (85e)

Salzbourg : Schlager – Capaldo, Dedić, Baidoo, Guindo – Bidstrup (Kawamura 81e), Gourna-Douath (Bajcetic 66e), Yeo (Clarck 57e), Gloukh (Terzic 81e), Dorgeles – Ratkov (Daghim 57e). Entraîneur : Pepijn Lijnders.

PSG : Donnarumma – Hakimi, Marquinhos, Pacho, Mendes (Hernandez 83e) – Ruiz (Zaïre-Emery 73e), Vitinha, Neves – Lee, Ramos (Doué 66e), Barcola. Entraîneur : Luis Enrique.

7e journée

22 janvier 2025

PSG-Manchester City : 4-2

Parc des Princes (47 350 spectateurs)
Arbitre : S. Marciniak
Buts : Dembélé (56e), Barcola (60e), Neves (78e), Ramos (93e) ; Grealish (50e), Haaland (53e)
PSG : Donnarumma – Hakimi, Marquinhos, Pacho, Mendes – Vitinha, Neves, Ruiz (Zaïre-Emery 61e), Barcola (Hernandez 81e), Doué (Ramos 61e), Lee (Dembélé 46e). Entraîneur : Luis Enrique.
Manchester City : Ederson – Gvardiol, Dias (Lewis 46e), Akanji, Nunes (Stones 78e) – Silva, Kovačić (Gündoğan 70e), Foden, De Bruyne (McAtee 70e), Savinho (Grealish 46e) – Haaland. Entraîneur : Pep Guardiola.

8e journée
29 janvier 2025
VfB Stuttgart-PSG : 1-4
MHPArena Stuttgart (60 000 spectateurs)
Arbitre : D. Massa
Buts : Pacho (csc 77e) ; Barcola (6e), Dembélé (17e, 35e, 54e)

VfB Stuttgart : Bredlow – Vagnoman (Stergiou 61e), Al-Dakhil (Chase 72e), Chabot, Mittelstädt – Karazor, Stiller (Rieder 72e), Leweling (Keitel 78e), Führich – Millot, Undav (Demirović 61e). Entraîneur : Sebastian Hoeness.

PSG : Donnarumma – Hakimi (Ruiz 71e), Marquinhos, Pacho, Hernandez (Beraldo 71e) – Vitinha, Zaïre-Emery, Neves (Mayulu 76e) – Doué (Lee 60e), Dembélé, Barcola (Ramos 71e). Entraîneur : Luis Enrique.

Classement

1 Liverpool 21 | **2** Barcelone 19 | **3** Arsenal 19 | **4** Inter Milan 19 | **5** Atlético de Madrid 18 | **6** Bayer Leverkusen 16 | **7** Lille 16 | **8** Aston Villa 16 | **9** Atalanta Bergame 15 | **10** Borussia Dortmund 15 | **11** Real Madrid 15 | **12** Bayern Munich 15 | **13** AC Milan 15 | **14** PSV Eindhoven 14 | **15** Paris Saint-Germain 13 | **16** Benfica Lisbonne 13 | **17** Monaco 13 | **18** Stade Brestois 29 13 | **19** Feyenoord Rotterdam 13 |

20 Juventus de Turin 12 | **21** Celtic 12 | **22** Manchester City 11 | **23** Sporting 11 | **24** Club Bruges 11 | **25** Dinamo Zagreb 11 | **26** VfB Stuttgart 10 | **27** Chakhtar Donetsk 7 | **28** Bologne 6 | **29** Étoile rouge de Belgrade 6 | **30** Sturm Graz 6 | **31** Sparta Prague 4 | **32** RB Leipzig 3 | **33** Gérone 3 | **34** RB Salzbourg 3 | **35** Bratislava 0 | **36** Young Boys 0

Barrages
ALLER

11 février 2025

Brest-PSG : 0-3

Stade de Roudourou, Guingamp (15 831 spectateurs)

Arbitre : I. Peljto

Buts : Vitinha (21e sp), Dembélé (45e, 66e)

Brest : Bizot – Lala, Chardonnet, Coulibaly, Haïdara – Camara (Salah 83e), Lees-Melou (Pereira-Lage 83e), Magnetti (Fernandes 64e) – Faivre (Doumbia 72e), Ajorque, Sima (Baldé 64e). Entraîneur : Éric Roy.

PSG : Donnarumma – Hakimi, Marquinhos, Pacho, Mendes – Ruiz, Vitinha, Neves – Doué (Kvaratskhelia 67e), Dembélé (Ramos 82e), Barcola (Lee 75e). Entraîneur : Luis Enrique.

RETOUR

19 février 2025

PSG-Brest : 7-0

Parc des Princes (47 211 spectateurs)

Arbitre : M. Oliver

Buts : Barcola (20e), Kvaratskhelia (39e), Vitinha (59e), Doué (64e), Mendes (69e), Ramos (76e), Mayulu (86e)

PSG : Donnarumma – Hakimi, Marquinhos, Pacho (Kimpembe 72e), Mendes – Ruiz (Lee 61e), Vitinha, Neves (Mayulu 72e) – Kvaratskhelia, Dembélé (Doué 61e), Barcola (Ramos 61e). Entraîneur : Luis Enrique.

Brest : Coudert – Zogbé, Chardonnet, Coulibaly, Haïdara (Le Cardinal 70e) – Fernandes (Magnetti 60e), Lees-Melou (Martin 82e), Pereira-Lage, Faivre (Doumbia 70e), Baldé (Camara 60e) – Sima. Entraîneur : Éric Roy.

Huitième de finale

ALLER

5 mars 2025

PSG-Liverpool : 0-1

Parc des Princes (47 511 spectateurs)

Arbitre : D. Massa

But : Elliott (87e)

PSG : Donnarumma – Hakimi, Marquinhos, Pacho, Mendes – Ruiz (Zaïre-Emery 78e), Vitinha, Neves – Kvaratskhelia (Ramos 78e), Dembélé, Barcola (Doué 67e). Entraîneur : Luis Enrique.

Liverpool : Alisson – Robertson, Van Dijk, Konaté, Alexander-Arnold – Gravenberch (Endo 79e), Mac Allister, Díaz (Jones 67e), Szoboszlai, Salah (Elliott 86e) – Jota (Núñez 67e). Entraîneur : Arne Slot.

RETOUR

11 mars 2025

Liverpool-PSG : 0-1 (1 tab à 4)

Anfield Road (59 765 spectateurs)

Arbitre : I. Kovács

But : Dembélé (12e)

Liverpool : Alisson – Robertson, Van Dijk, Konaté, Alexander-Arnold (Quansah 73e) – Gravenberch, Mac Allister (Jones 91e), Díaz (Gakpo 102e), Szoboszlai (Elliott 106e), Salah – Jota (Núñez 73e). Entraîneur : Arne Slot.

PSG : Donnarumma – Hakimi, Marquinhos (Beraldo 90e), Pacho, Mendes – Ruiz (Zaïre-Emery 91e), Vitinha, Neves (Ramos 120e) – Kvaratskhelia (Lee 101e), Dembélé, Barcola (Doué 67e). Entraîneur : Luis Enrique.

Quart de finale
ALLER
9 avril 2025
PSG-Aston Villa : 3-1
Parc des Princes (47 511 spectateurs)
Arbitre : M. Mariani

Buts : Doué (39e), Kvaratskhelia (49e), Mendes (92e) ; Rogers (35e)

PSG : Donnarumma – Hakimi, Beraldo, Pacho, Mendes – Ruiz (Zaïre-Emery 71e), Vitinha, Neves – Doué (Barcola 72e), Dembélé,

Kvaratskhelia (Ramos 90e). Entraîneur : Luis Enrique.

Aston Villa : Martínez – Cash (Disasi 46e), Torres, Konsa, Digne – Kamara, Tielemans (Maatsen 79e), Ramsey (Asensio 59e), Rogers, McGinn (Onana 79e) – Rashford (Watkins 79e). Entraîneur : Unai Emery.

RETOUR

15 avril 2025

Aston Villa-PSG : 3-2

Villa Park (42 535 spectateurs)

Arbitre : J. M. Sánchez Martínez

Buts : Tielemans (34e), McGinn (55e), Konsa (57e) ; Hakimi (11e), Mendes (27e)

Aston Villa : Martínez – Cash, Torres, Konsa, Digne (Maatsen 76e) – Kamara, Onana (Ramsay 67e), Tielemans (Barkley 88e), Rogers, McGinn (Asensio 66e) – Rashford (Watkins 75e). Entraîneur : Unai Emery.

PSG : Donnarumma – Hakimi, Marquinhos, Pacho, Mendes – Ruiz, Vitinha, Neves – Kvaratskhelia, Dembélé, Barcola (Doué 58e). Entraîneur : Luis Enrique.

Demi-finale

ALLER

29 avril 2025

Arsenal-PSG : 0-1

Emirates Stadium (59 664 spectateurs)

Arbitre : S. Vinčić

But : Dembélé (4e)

Arsenal : Raya – Timber (White 83e), Saliba, Kiwior, Lewis-Skelly (Calafiori 68e) – Martinelli, Merino, Rice, Saka – Ødegaard (Nwaneri 90e), Trossard. Entraîneur : Mikel Arteta.

PSG : Donnarumma – Hakimi, Marquinhos, Pacho, Mendes – Neves (Zaïre-Emery 89e), Vitinha, Ruiz – Doué (Ramos 76e), Dembélé (Barcola 70e), Kvaratskhelia. Entraîneur : Luis Enrique.

RETOUR

7 mai 2025

PSG-Arsenal : 2-1

Parc des Princes (47 511 spectateurs)

Arbitre : F. Zwayer

Buts : Ruiz (27e), Hakimi (72e) ; Saka (76e)

PSG : Donnarumma – Hakimi, Marquinhos, Pacho, Mendes (Ramos 88e) – Neves, Vitinha, Ruiz – Doué (Hernandez 74e), Barcola (Dembélé 70e), Kvaratskhelia. Entraîneur : Luis Enrique.

Arsenal : Raya – Timber (White 83e), Saliba, Kiwior, Lewis-Skelly (Calafiori 68e) – Ødegaard, Partey, Rice – Saka, Merino, Martinelli (Trossard 68e). Entraîneur : Mikel Arteta.

Finale

31 mai 2025

PSG-Inter Milan : 5-0

Munich, Allianz Arena (64 327 spectateurs)

Arbitre : I. Kovács

Buts : Hakimi (12e), Doué (20e, 63e), Kvaratskhelia (73e), Mayulu (87e)

PSG : Donnarumma – Hakimi, Marquinhos, Pacho, Mendes (Hernandez 78e) – Neves (Zaïre-Emery 84e), Vitinha, Ruiz (Mayulu 84e) – Doué (Barcola 67e), Dembélé, Kvaratskhelia (Ramos 84e). Entraîneur : Luis Enrique.

Inter Milan : Sommer – Pavard (Bisseck 54e, Darmian 62e), Acerbi, Bastoni – Dumfries, Barella, Çalhanoğlu (Asllani 70e), Mkhitaryan (Carlos Augusto 62e), Dimarco (Zalewski 54e) – Thuram, Martínez. Entraîneur : Simone Inzaghi.

TABLE DES MATIÈRES

Composition et mise en pages
Nord Compo à Villeneuve-d'Ascq